水のように

浪花千栄子

朝日新聞出版

水のように

本書は、一九六五年八月に六芸書房より刊行されたものであり、二〇二〇年五月十一日に著作権法第六十七条第一項の裁定を受け作成したものです。

目次

私の生きてきた道――そして、私の生き方　5
私の芸歴　71
私の住居　95
私をささえてくれた人々　119
双竹庵おりおりの記　147
ある日、あるとき　181
あとがき　217
解説　古川綾子　218

私の生きてきた道——そして、私の生き方

私が、いまさら申すまでもなく、水というものは、人間はもちろんのこと、すべての生き物に欠くことのできないたいせつなものでございます。生き物の、生きてゆく上にたいせつな、この水にも、いろいろの状態によって位があるように思われますが、はじめとおわりは、一つのものから出て、一つのものに帰ってしまいます。

位、と申しますのは、飲料になる水道の水、観賞用の噴水をはじめ、滝や川や池の水、自然や作物や建物を破壊し押し流してしまう洪水の水、汚物や悪臭のため顔をそむける下水の水というように、たとえば、ということですが、もっとおそろしいことは、生き物の生命を育てるそばから、その生き物の生命を奪ってしまいます。

私の半生は、人に、かえり見もされないどぶ川の泥水でございました。

自分から求めたわけではありませんが、私という水の運命は、物心つく前から不幸な方向をたどらされておりました。

しかし私は、子供のときから、泥水の中にでも、美しいはすの花が咲くことを信じていましたし、赤い灯青い灯、と、たくさんの人に歌われ、大阪の代名詞のように有名な道頓堀《どうとんぼり》の川底が、どんなにきたないかもよく知っていましたから、不幸などぶ川の泥水の運命に、従順でした。

そしてひたすらに、与えられた仕事にせいいっぱい立ち向かって生きていました。冬の寒い朝、ひびあか切れの冷たい小さい手に、白いいきを吹きかけながら、十歳の私は、いまに美しいはすの花を咲かせてやるぞという、そのときはまだ形もまとまりもない考えを、心のどこかにひそませながら、うんざりするほど積みあげられた洗い物にかかるのでした。

私が、南河内《みなみかわち》の生まれ故郷から、はじめて社会の荒波の中へ放り出されたのは、道頓堀の芝居茶屋へお弁当を入れる仕出し料理屋の下女としてでした。

下女と申しましても九歳の秋を過ぎたばかり、その上小柄の私ですから、第一に、その家のぼっちゃんの子もりに使い走り、一刻の休みも与えられませんが、そんなものだとこっちもあきらめて、結構役にたっていました。

児童福祉法だの、労働基準法だののない、大正四、五年ころのことですが、睡眠時間がだいたい四時間あるかなし、そして一日中、まるでコマネズミのように働きづめで、これが十七歳の春まで八年間つづいたのですから、全くおどろきももの木さんしょの木というものでございます。いまだからこんなノンキなことも申されますが、「おちよやん、おちよやん」と呼ばれて、三度の食事も広い台所のすみっこで立ったまま、いそがしくほおばっていた当時の自分を思い出すと、抱きしめてやりたいほど哀れに思います。「おちよやん」と申すのは、大阪弁のニュアンスを御存知ないかたにはちょっとおわかりになりにくいでしょうが、下働きの年齢の若い下女を総称して、そう呼ぶのが当時のならわしでございました。
九歳と申せば、まだ普通一般の家の子供でしたらその家によっての貧富の差こそあれ、慈愛深い両親のひざもとで小学校へ通っている年ごろ、両親そろっていないまでも、そんな小さい子供が奉公に出るなどということは、そのころ、どこにもザラにあることではありませんでした。

小学校六年をおえてから奉公に出されるというのならば、貧しいいなかにはよくあることですが、私などはよりによって不幸な運命にめぐり合わせた子供だったのでございます。

私には三つ下の弟がありますが、私が五歳になりましたとき、母は弟を生みましてからずっと寝たり起きたりだったのが急に病あらたまり亡くなってしまいました。大声をあげて泣いたおぼえはたしかにありますけれど、まだ母の死の深い悲しみの意味はわかるはずもありません。

家は、わずかの田畑をも持たず、にわとりの行商を業とする貧しい生活でしたから、母の死後は幼い弟のおもりをしながら、見よう見まねで、父の手伝いにトリのえさつくりなどをいたしておりましたが、子供心にむしょうに母が恋しくなると、小さい弟の手を引っぱって母の墓前へ行き、そこで小半日も暮らすことがありました。

金剛《こんごう》、葛城《かつらぎ》、生駒《いこま》、信貴《しぎ》の山々を望む南河内の自然と風物は、ほんとうに美しく、四季おりおりのながめは豊かに、今も眼底にあざやかに残っていますが、私たちの生活は、文字どおりの最低で、血のにじむような思い出ばかりでございます。

戸数六十戸、大体が、そんなに裕福な村ではないようでしたが、それにしてもなぜ、私の家だけが特別どこよりも貧乏であったのか、子供心にも不思議でたまらないこともありました。

かえしたにわとりが、ある程度に育つとそれを、にわとりの背たけぐらいの底の浅い大きなかごに何十羽か入れ、上は網で包み、それをてんびんの両方に二つずつ重ねて、父は朝早く行商に出かけてゆきます。すると私は、弟のめんどうをみながら一日中るす番をしているというわけですが、時おり、近所に住んでいる母方のおばあさんが見回ってくるのが関の山、食事の始末やらせんたくやら、どうせ満足なことはできないにしても、とにかく、よその同年配の子供よりはずっと家の役にはたっていたようですが、今、考えるとどんなことをしていたものかと思います。それでも一日中おとなの居ない私の家のねこの額ほどの前庭や縁側は、近所のまだ学齢前の子供たちのいい遊び場所でしたが、その子供たちがある日からプッツリと私の家へ寄りつかなくなりました。たまに、ひとりふたり来る子があると、その親たちは血相《けっそう》かえて飛んできて、いやがる子をむりやり引っぱって帰ってしまうのです。

「なんでやろか」

と、はじめ、私はおとなの行動が不可解に思われましたが、その原因は幼い私にもすぐわかりました。それは、ついぞ、髪を、とかしてもらったこともない、まして洗ってもらったこともない、しり切れぞうりのわらのようにボサボサの私の頭髪に、おびただしいしらみがわいていたからでした。

忘れもしません。子供心にそのことが自分でわかると、たいそう悪い事でもしたような、なんとも言えない劣等感におそわれて、弟の手をとるが早いか、家からほど近い竹やぶの中へ、逃げ込むように走りました。

そして、重なり合うようにおい茂っている大きな竹の根かたに、いきを殺すようにしてかがみ込んでしまいました。

母を失ってかまい手のない、きたない小さな女の子の頭髪の中は、人にさげすまれるこの虫たちのかっこうの繁殖場所だったわけです。結局、おばあさんによって、私のからだからその虫は取りのぞかれはしましたが、それ以来、私は竹やぶの中に、私の安息の場所を見つけていました。そこには、第一、私を白い目で見るおとなたちの目が届きません。

竹と竹の間を一直線に無数の太陽の光線が美しいしまをつくり、ごくらくのような清らかな静かさがそこに現出され、まるで自分が、お姫さまになったように思えたり、季節々々でつばきの花が赤いかわいい花を咲かせ、ぐみやあけびが実り、小鳥のさえずりは私に歌いかけるように思えたりするのでした。

雪の降る竹やぶは、入り交じる竹の葉をたわめている白銀のトンネルをくぐるのが、まるで夢の国のよう、ちょっとでも触れると、えり元へ冷たい粉雪が散りかかって現実へ引きもどされるのでしたけれど、こうして春も夏も秋も冬も、一年中、私は竹と遊び、竹と語り、竹を愛することに、自分の喜びを見いだすようになりました。

浪花千栄子《なにわちえこ》と竹の因縁は、こうして始まっているのでございます。それから五十年近くを経た今日、大好きな竹にかこまれて住めるようになりましたが、ある意味では夢を実現したこの上ない幸福者だと、感謝いたしているしだいでございます。

母の死後、父は黙々とにわとりの行商に出ておりましたが、同じ年のよその子が皆小学校へ通うようになっても、父は私を入学させようとはいたしませんでした。小学校へ行く友だちの姿をたいへんうらやましくながめ、行けない自分を悲しくも思いましたが、私はよその子とちがうのだというあきらめの気持ちもあったようです。

父は、学校へやれぬ申しわけにとでも考えたのでしょうか、学齢に達した私へのしつけをうんときびしくいたしはじめました。おなべやおかまの洗い方などには特に神経質で、底になべずみ（煮たきはいっさいまきをくべるので、なべのおしりに油煙のようなスミがくっつくのです）が少しでも残っていたりすると、手ひどくなぐるのでした。まして、御飯粒を一粒そまつにしても、それを見たが最後、半殺しの目にあわされるのでした。

そして、朝早くかまどにまきをくべ、朝御飯の茶がゆをたくのはそのころから私の役目になってしまっていました。

どうせ九歳やそこらの子供、下働きの女中とは名のみで、子もりが満足にできればいいとせねばならぬくらいで雇い入れられた道頓堀のその仕出し弁当屋で、この子は年の割りには掘り出し物や、と思われたとすれば、父のこの残酷なしつけのたまものと言わねばなりません。

石川達三《いしかわたつぞう》先生が、最近の御作の『私ひとりの私』の中で、ほとんどすべての過去の経験が年月のかなたに消え去ってしまった後に、わずかな記憶ばかりが点々と、遠い星のようにきらめきながら、私の中に残っている。この記憶の集積が、だれも知らない私なのだ。とおっしゃっていますが、私の記憶はドス黒い汚点のように、私の中に残っていて、とても、遠い星のきらめきにたとえられるようなものは何一つもございません。

過去の上に、ただいまの私が立っているのだということは否定いたしませんが、ほとんどすべての過去の経験が、遠い年月のかなたにあとかたもなく消え去ってしまってくれることは、私の切なる願望でございます。

私が小学校へも通わしてもらえぬまま、九歳の春を迎えた年、父は富田林《とんだばやし》の飲み屋の仲居さんをしていたといううわさのある女と再婚いたしました。

「御飯も、たかないでもええし、学校もやってもろてあげるさかい、こんどくる人、おかあちゃんと呼ばなあかんえ、ええか、ええな！」

と、おばあさんは、そのひとが、いよいよ今夜嫁入りしてくるという朝、私にこんこんとさとすように言うのでした。

私は、幼い胸をときめかしながら、翌日から変わる生活への期待で、おばあさんの言うことはうわの空で、ウンウンとうなずいていました。

ところが、この後添いに来た母という人が悪妻の見本のようなひとで、朝寝はする、女房らしいこと、親らしいことは何一つできず、嫁入り道具に携《たずさ》えてきた三味線《しゃみせん》のつまびきで、真っ昼間からはやり歌を口ずさむという、今考えますと全くあきれた人でありました。

しかし、幼いわたしは「お月さん、ちょいと出て松の影……ハイ、今晩は」と、後妻が歌っていると、かきねのまわりを、物見高い村の人がひとり寄りふたり集まりして、ヒソヒソ何か語り合うのを見て、ははあ、母の歌がじょうずなので、みんなよろこんで聞いているのだな、と思い込み、いささか、得意だったものでございます。いま考えますと、物見高い村の人たちに、白い目で見られていたわけですが、子供心にそれがわかるわけもなく、ピントの狂ったお話ですが、とにかく一応私は、この母が来てくれたおかげで、待望の小学校へ通えることになりましたので、かえって大喜びでございました。

けれどもこの大喜びもつかのま、現実は、まるまる一年おくれているので、そのおくれを取り戻すことはとうてい不可能なことでした。

はずんだ胸も、苦しみのためにペシャンコとなり、わずか二、三か月で学校へ行くことが、死ぬよりつらいことに思えてまいりました。たとえば形でおぼえた、「た」という字も、先生の背中にかくされて、どういう順序で書かれていくものかさっぱりわかりません。いろは四十七文字中、順序どおり書ける文字は数えるばかり、あとはかいもく処置なしです。となりの机、うしろの机をこっそりうかがえば、これは左手やら本やらで堅い城壁をつくってジロッと意地悪い目でにらみつけられます。

おまけに三か月目の月謝が払えなくなりました。加えて、自堕落な母が、父のるす中に家出をしてしまったのです。

私の小学校の、いや生涯を通じての学校生活というものは、ここで完全に休止符を打つこととなりました。

私の学歴というものは、正味二か月足らず、それもまことに短い時間で、正式には学歴とも申せないものでございます。しかし、私はなんとかしてものを読むことができるようになりたい、なんとかしてひととおりの字を書くことができるようになりたい、という強い願望を持ちはじめ、それからと申すものは、おりにふれときにふれ、少しの暇も文字に親しむよう心がけました。

仕出し弁当屋の下女になっても、この心はますます盛んになって、そのころは油揚げや焼き芋などを買いに行きますと、古新聞や古雑誌を四角に切って、一方をのりづけにした三角の袋に入れてくれるのが普通でしたが、その三角袋のシワをのばしてふところにひそめ、お便所へはいったとき上下のかなやふりがなを頼りに、その袋の文字のむずかしい漢字を一字ずつ覚えてゆくという方法で勉強いたしました。

「おちよやんの便所は、えらいながいやないか、便所の中で昼寝でもしてるのとちがうか」と、板場のこぞうさんや、先輩の女中さんなどによくいや味を言われました。

執念のようなものにとりつかれていたのでしょうか、完全に、一つの熟語を頭に入れなければ便所を出ない念願を貫いたのですから、思い出すと我ながらあきれてしまいます。

母が家出をすると、父は我を忘れたようになって母のあとを追い、捜し出して連れもどしてきました。

昼間からゾロッとした着物を着て、何をするということもなく、三味線をひいて、「お月さんちょいと出て松の影…… ハイ、今晩は……」など、口ずさんでいるというような女には、働くことだけしか知らぬ貧相な小さな村は、たいへん住みにくいところだったのでしょう。

連れもどされる条件だったとみえて、それからすぐ、住みなれた村をあとに、私たち一家は大阪の南田辺《みなみたなべ》へ引っ越すことになりましたが、ここでの生活もほんのわずか、母は再び家を出て行きました。よっぽど父は、その女にまいっていたというのでしょうか、こんどはまるで半狂乱のありさまで、女のあとを追って行きました。

何日ぐらい、私と弟はふたりの帰りを、まるでなじみのない初めての土地で、肩を寄せ合い心細い思いで待ったことでしょうか。とにかく米びつにいっぱいのお米を、ふたりで食べつくしてしまっても、親ともいえぬ無責任なふたりのおとなは帰ってきません。

ついに食糧はつきてしまいました。ただいまでも、近鉄阿部野線《きんてつあべの》に桃ケ池《ももいけ》という駅があると思いますが、そのころの私たちの南田辺の住居が、ちょうどその桃ケ池に近いところでしたので、池のほとりは子供たちのいい遊び場になっていました。私はふと、その池にひしの実が、水面をかくすように繁茂《はんも》していることを思い出し、空腹のためにグズっている弟を促《うなが》して池のほとりへ急ぎました。

子供の手のとどくかぎりの、その池のひしの実が、私たち姉弟の当分の食糧となりました。さして広くもありませんが、その池を一周して、とれるだけのひしの実を食べつくしても、まだふたりのおとなは現われないのでした。

ある日弟はポツンと申しました。

「ねえちゃん、おばあちゃんのとこへ行こうなあ」

私はそれを聞くと「うん、そうしよう、おばあちゃんのとこへ帰ろう」と即座に答えました。

ただいまの近鉄阿部野橋からの電車は、そのころは大鉄と申したのではないでしょうか。とにかく子供心に、来るときに汽車に乗ってきたのだから、帰るときも、線路に沿ってたどって行けば河内の祖母のところへ帰れるもの、と信じ込んでいたのです。むずかしく申せば、帰心矢《きしん》のごときものは早くから私たちの心の中にあったのですが、そう思う底に、父の帰りを待つ気持ちもひそんでいたのだろうと思います。

小さい姉弟は、思いたつとすぐ、線路に沿って河内と思う方角へ歩きはじめました。単線で、たまに通る電車を興味深く、線路ばたで見送り、あとはしっかり手をつないで私たちは黙りこくって歩きつづけました。どっちかが、何かを言えば、ふたりで、わあっと大声をあげて泣きだしてしまいそうな、たいそう不安な心境で歩きつづけていたに違いありません。

そのうち高かった日は西へ落ち、夕暮れがあたりを包んでだんだん暗くなってきました。私たちは、空腹と疲れでもうヘトヘトになり、幸いちょうど目の前に建っていた農機具置き場のような小屋のわら束の上に、小さいからだを投げ出してしまいました。

何時間ぐらいそうやって経過したのでしょう。私が深い眠りからさめて、ハッと気がついて横を見ると、うす暗い中に弟のかわいい寝息が聞えています。その弟の寝息は、そのときの小さい姉の胸をしめつけて、急に涙が出てきたことを、私はいまもはっきりおぼえています。

そのうち、私の鼻は、なんとも言えない甘いおいしいにおいが、私たちを取り巻いていることに気がつき、突然、おなかがくーと鳴って急激に空腹をおぼえました。ごちそうということばも、ましてごちそうそのものも、私たちには全く無縁のものでしたけれど、生まれてこの方、こんなおいしいにおいをかいだことがないのです。

ところが、そのにおいの実体は、私たちのすぐかたわらに、むぞうさに積み上げられている、いくつかのかますの中にあることを発見しました。

それ以来、何十年、どうやら三度のものにもことかくということだけはなくなりまして、今日まで過ごさせていただきましたが、あんなおいしいにおいというものには、ついぞその後出会ったことがなく、それをともするとゆるみがちな、心のむちといたしているのですが、そのかますの中のおいしいにおいのもとは、サンドイッチに使ったパンの切れっぱしで、都心の洋食屋さんから集められた、つまりは残飯の一種というわけですが、ぶたの飼料《しりょう》になるものだとは、あとで知ったことでした。私は、弟をたたき起こすようにして、そのパンの切れっぱしを示し、無我夢中で手づかみにしてかぶりつきました。こうばしい、ほんのりと甘いような、そしてかめばかむほど、味わい深く、そしてほどよいかみごたえ、たぶん、弟もそうだったと思いますが、私たちはこの世で一番の幸福を感じて、うっとりしながらむさぼるように、そのパンの耳をかじったことでございました。

そのうち夜はしらじらと明けはなれてきました。私たちは、その小屋でぐっすり一夜を明かしたわけです。私も弟も、ようやく人ごこちがつき、食べるテンポものろくなりだしたころ、気がついて前の方を見ると、ひとりのおじいさんがジロジロ私たちをながめまわしながら、不思議そうに近づいてきました。

「お前らどこの子や!」

いきなり、しかられると思いきや、おじいさんは、やさしい調子で私たちに問いかけました。

「どこからきたんや、そしてそんなところで——何してるねん——」

私は、たどたどしく一部始終を話し、そして「すんまへん」とピョコンと頭をさげました。

そこは養豚場《ようとんじょう》で、私の話を聞くと、幸いにも、おじいさんは父も、家の事情もよく知っている人でした。じごくでほとけの、このおじいさんは、そこの経営主だったのです。

「こんな小さいもんに苦労をかけさらして、ほんまにあいつはしょうむないやっちゃ——」

養豚場のおじいさんは、目のあたり見る私たちの身のうえにたいへん同情し、ほど近い自分の家へつれて帰って、まるで自分の孫のように親切にしてくれるのでした。そしてにぎり飯をたくさん持たせたうえ、なにがしかの汽車賃までくれて「河内へ帰ったるかて、おばあちゃんが困らはるばっかりや、こんなんしてる間にも、おとうちゃんが帰ってるかわかれへん、とにかくこれ持って、もういっぺん、南田辺へかえり、な、おじいちゃんが警察へねごたかて、きっとおとうちゃんが、南田辺へ帰るようにしたるさかい、な、わかったやろ」

と、じゅんじゅんと説き聞かし、もよりの駅まで、私たちを荷車に乗せて送ってくれるのでした。後年知りましたところによれば、このおじいさんは、父の父、つまり私の祖父と親しかった人で（祖父は、私の記憶にはっきり残っているのは死ぬまでチョンまげを結っていました。私の母とほとんど時を同じくしてなくなっていました）、父は若いときから何かと世話になっていた人なのでした。

他人から、報《むく》われることを考えない、ほんとうの真心のあたたかさを身にしみて感じ取ったのは、この養豚場のおじいさんただひとり、いまも私は、ときどきそのとき受けた無量の愛情に、思わず手を合わして感謝いたすのでございます。

おじいさんに教えられたとおりの駅で汽車を降りて、一昼夜あけた南田辺の家へ帰りつくと、その夜、申し合わせたように父は、母を伴って帰宅いたしました。

ところが、母を連れもどす条件とかで、私は家を出されることになりました。小学校もウヤムヤのうちにやめさせられた九歳の女の子は、「弟はしょうがないがあの子はイヤ」という、まるで梅干しの種でも吐き出すような一言で、むぞうさに、世の中へ放り出されることになりました。

いやとなったらこんりんざい、というわけでしょうか、一夜あけると、父は、さっそく私を南河内の祖母のもとへつれてゆき、額《ひたい》をよせて何かヒソヒソ語ったあげく、「お前はねぇちゃんやさかい、おばあちゃんやおばちゃんの言わはること、よう聞いて、かしこかしこてな、あかんで――」。形式的に、二、三度私の頭をなでて、そそくさとその場を去ってゆきました。

おばあさんは、いやおうなしに押しつけられた形でしたが、自分の一存では計らいかねることなので おばとも相談し、ある、つてを求めて、私を大阪へ女中奉公に出すことを決意したのです。

そして、九歳の秋もすでに深く、高野《こうや》や生駒の山に初雪のたよりが聞かれるころ、大阪へつれて行かれましたが、おりから道頓堀は、五座《ござ》のやぐらの梵天《ぼんてん》もはでやかに、たくさんののぼりは風にはためき、浜側に軒《のき》を並べる、芝居茶屋の軒から劇場のひさしへ、十重二十重《とえはたえ》に張りめぐらされた、人気役者の、紋や家号を染め抜いた色とりどりの小旗の波、人は、その旗のトンネルの下を、引きも切らずにゆき来していて、はじめて見る道頓堀の色彩的な美しさとにぎわいは、いきなり幼い私のどぎもを抜いてしまいました。

表の、はなやかな明るさとはうらはらに、私が「きょうから、おちよやん、と呼ばれたら、ハーイ、と大きな声で返事せないかんで」と命じられて、おぼろげにその日からの自分の運命の急変を自覚し、子もり兼下女として雇われることになった仕出し弁当屋には、子供心にも冷たい重苦しい空気の流れが、敏感に感じ取れました。

当時の大阪劇壇は、歌舞伎は先代の中村鴈治郎《なかむらがんじろう》さんの全盛時代、それに続いて先代實川延《じつかわえん》若《じゃく》、先々代中村梅玉《なかむらばいぎょく》、先代高砂屋福助《たかさごやふくすけ》、尾上多見蔵《おのえたみぞう》、尾上卯三郎《おのえうさぶろう》、先代中村雀右衛門《なかむらじゃくえもん》、市川《いちかわ》右團次《うだんじ》、先代片岡我童《かたおかがどう》、中村魁車《なかむらかいしゃ》、林長三郎《はやしちょうざぶろう》（現、林又一郎《またいちろう》）、という名優花形が、それこそきら星のように芸を競《きそ》っていたはなやかな時代で、ただいまの鴈治郎さんは中村扇雀《なかむらせんじゃく》を名のっておられ、片岡秀郎さん、中村福太郎《なかむらふくたろう》さんなどと、おとうさんとは別に青年歌舞伎一座を作って、たいへんな人気を博しておられました。

新派は喜多村緑郎《きたむらろくろう》、小織桂一郎《さおりけいいちろう》、木下吉之助、都築文男、英　太郎《はなぶさたろう》、福井茂兵衛《ふくいもへえ》などの諸先生が成美団という劇団を作って、角座《かどざ》を本城にしておられ、これまた大評判でした。そして、ちょうど私の奉公に出たころ、ただいまの新国劇が、その若々しい意気と熱で、大阪中の人気と話題を一身に集めかけていたのではないでしょうか。

私がおもりをしていたぼっちゃんが、なぜか久松喜世子《ひさまつきよこ》、久松喜世子という名を口にしていたことを覚えています。その仕出し弁当屋の御主人が新国劇びいきで、沢田正二郎《さわだしょうじろう》先生や久松喜世子先生が、その家へ出入りされていたのではあるまいか、と想像されます。

そのころの芝居茶屋と申しますのは、プレイガイドであり、食堂であり、お客さまの休憩所であり、ときにはひいき役者とお客様の用事の橋渡しをしたり、またはお見合いの場所となったり、なかなか複雑な性格を持っていまして、見物の、良家の御寮人《ごりょうにん》やお嬢さん、芸者衆などは、着替えの場所にもお使いになったものです。

昼夜二部制とか昼夜二回とかの興行は、大正十二年の関東大震災以後のことで、そのころのお芝居は午後一時とか二時とかに（おそくても三時）開幕して一回興行、終演はたいてい十一時前後、至極のんびりした時代ではございましたが、見物のお客様は劇場で一日の大半を費やすことになります。そのうえ、幕間がたいへん長く、二、三十分くらいで開幕すると、お客様のほうが「えらい早いやないか」とびっくりなさるくらいでした。

したがって、茶屋へ昼寝に帰ったり、着替えに帰ったり、それはそれでお客様にとってまたたいへんたのしいもののようでございました。

しかし、その茶屋は、食事だけは自分のところでは作らず、おのおの特約をしている仕出し料理屋から、お客様の御注文に応じ、お好みのものを取り寄せるというしくみ、お客様によっては二重弁当を劇場へはこんでくれ、とおっしゃるかたもあり、あの芝居の何幕目の幕間に、道頓堀川の見える茶屋の二階座敷で、ゆっくりいっぱいやりたいからとおっしゃる組もあり、というしだいで、その弁当を、値段に応じて調製して、御注文の時間までに、芝居茶屋へ納めるのが、私のつとめさきの仕事でございます。

今日は中座《なかざ》、成駒屋《なりこまや》の「井菱会」六百、松島家の「いてふ会」四百五十、堂島《どうじま》の「松美会」三百、というチョークの文字が、大きな黒板に書かれると、私は指を折ってその数字をたし算するのが習慣になってしまいました。そして、総計ができると、

「わあ、あすは、千三百五十もあるわ、えらいこっちゃ」

と心の中で悲鳴をあげるのです。なぜなら、塗りの二重弁当やら半月の幕の内弁当やらの、よごれた器を、ていねいに、みがきあげるように洗うのが、私に与えられたそこの家での一番最初の仕事だったからでございます。

弁当箱を洗いあげて、そこらをふきそうじして、ほっとしている間もなく、なべかまを洗う仕事が待っています。せいぜい弁当箱洗いくらいが関の山だろうとたかをくくられていた

のが、やらせてみると比較的段取りもよく、さっさときれいな仕事をするので、これやったらいける、と思われたのでしょう。三日目くらいからなべかま洗いがふえ、さらに、お米をといで水かげんをして、それをたきあげる、つまり御飯たきの仕事がふえ、これで起きている間中、完全に寸分のすきもなく働いていることとなり、もし万一、少しでも時間があれば、子供のおもり、使い走りがちゃんと待っています。少しでも時間があれば、というより、ほとんどこれらのことがオーバーラップしておりましたから、子供にとっては前代未聞の重労働でございました。これはただいま考えて、全くひどいものだったと述懐《じゅつかい》されますだけのことで、当時は、それがほんとうだと信じていましたし、世間も封建性の強い時代で、だれひとり貧乏人の子に関心を持つ人もありませんでした。

ちょうど、第一次世界大戦のころで、子供心にも、浮き立つような、よそのおとなの世界の好景気ぶりが感じられ、どこそこのお大尽が、ゆうべ宗右衛門町《そうえもんちょう》のお料理屋で、五十銭銀貨を節分の豆まきのようにまきはった、とか、えらいこっちゃないか、堂島のだれそれはんが新町のお茶屋で、十円札、ほんまの十円札やで、芸者やら仲居やらの、ようけ見てる前で、その十円札、クルクルッと巻きタバコみたいに巻いて、なんと、びっくりさすやないか、それに火ばちの火をうつし、たばこの火をつけはったんやて、などという、ばかげた話が、陽気に、うらやましそうに、おとなの話題になっていたことを忘れません。

そういう話は、私に無縁の世界のことで、私は、はじめからおばとその家との条件らしく、一銭の給料ももらえず、着せてもらって食わせてもらうだけでした。着せてもらうといっても、その家のこいさんやいとはんのお古の仕立て直し、食わせてもらうといっても、ほとんど三度とも立ったまんま台所の隅で、あわててかっ込む、というような食事でしたから、あのときのぶたの飼料のパンの耳以上のものを食べた記憶がありません。

そう申しましても、前に述べましたように、便所の中で勉強をすることだけが、ほんのわずか、一日の中で自分を取りもどし、自分もひとりの人間なのだ、ということを自覚する、とうとい時間でありました。

その家の、おえはん（お家はん）が、たいそう奉公人にはきびしい人で、特に、物事は最初のしつけがたいせつというわけで、私には、それこそ、はしのあげおろしまで目を光らせて、

「それそれ、それはそないしたらあかん」

「さいぜん言うたばかりやないか、物事は、もっと、気い入れてやんなはれ」

「あほ！　そうやあれへん、こうするのやがな」

「何してなはんねや、早うせんと、寝る時間が、のうなってしまいまっせ」

と、つきっきりの指導とべん撻は、一歩まちがうと、情け容赦ない、現今の流行語のしごきになりかねないものでした。

きれいに、みがきあげるように洗ったつもりでも、弁当箱に一粒の飯粒がくっついて残っていたりしようものなら、

「これ、なんや、もう一ぺんようよう洗いなはれ」

と、目にかどたててこづき回されるのでした。

子供心につくづく悲しくなったのは、御飯をたいておはちにうつし、そのあとのおかまを洗うとき、じゅうぶん注意しているのですが、御飯粒が流れ、それが、水の流れ口（関西でははしりと申します）の、金網の袋にたまる仕掛けになっているのですが、そのいわば、ものの洗いカスの中から御飯粒だけよりわけて食べさせられることでした。

御飯粒をそまつにするといって、いきなりなぐられたことは、父で経験もあり、それ以来、お百姓さんが汗水たらして作ったとうといお米だから、一粒でもむだにしてはいけない、という鉄則のような考え方に支配されていましたから、よくわかってはいましたが、私だけにそれを、「それ、そこにも一粒残ってるがな！」と指さされて、私がそれを自分の指でつま

み出し、口へ持っていくと、それがノドの奥を通り越すまで、じっと見つめられているのには、言い知れぬ悲しさを感じました。

老眼鏡の奥から私のすることをじっと監視していた、冷たいおえはんの目の光りは、今でも忘れることではありませんが、あの情景を屈辱と申すのでしょう。

父と、このおえはんとから御飯粒はもとより、物のとうとさを、いやというほど、まるで鼻先へ押しつけられるようにして飽くことなく教え込まれた私は、それが自然に、いい意味で習性となり、ただいまでも包み紙一枚、割りばしの使い古し一本、捨てずに何かの用に役だてております。そのうえ、ときどきゴミ箱の中を点検したりして、娘や家の者たちに、顔をしかめられることがありますが、お菓子箱のカラ、毛糸のクズ、ちびたげたなどそんなものでも、ポイッと、ものを捨てるという心をいましめるだけで、けっして、五十年前の、その家のおえはんのようなまねはいたしません。

しかし、このおえはんは、考えてみますと、私の第一番目の社会学の師匠でもありました。御飯粒は、じょうずに拾うて、すずめのえさにでもしてやんなはれや、というようなあたたかい思いやりの気持ちが含まれていたならばと、残念ではありますけれど。

お米をとぐ、水かげんをする、と、簡単に申しますが、これが約六、七升《しょう》のお米を一回にこなすのですから、おかまはもちろん一斗だきという大きなもの、普通では、中はおろか、ふちへも手が届きません。しかし、それをするのが私の役目ときまったのです。そこで、いろいろ考えあぐんだ末、レンガを見つけてきて五、六枚重ね、その上に乗りまして、どうやら教えられたとおりのことができるようになりました。そして水かげんができると、近くに居合わす調理場の男衆に「おたの申します」と頭を下げて、そのおかまを、かまど（関西ではおくどはんと申します）にかけてもらい、まきをくべるだんになるわけです。

さて、またそのまきですが、これがくぬぎの堅木《かたぎ》の生木《なまき》ときておりますので、点火するまでがなかなかの苦労、いっしょうけんめい、必死になって火吹き竹を吹くものですから、くちびるの皮膚が破れ、血がにじむこともたびたびでした。しかし、そんなに難儀をしながらたきあげる御飯でしたが、一度も失敗をしたことはなく、ほっかりとした、ツヤのあるいい御飯ができ上がるものですから「あんた、ごはんたきに生まれついてるんや」と、ほめられたものでございます。見えない、神の御加護、というようなものを子供心にも感じて、このことはほんとうにうれしいことでございました。

しかも、たきたてのあつあつの御飯というものは、お客さまの御弁当用のもので、それは自分とは全く縁のないもの、と割り切って信じ込んでいたのですから一場の哀話です。

はじめのうちは緊張していますから、そうでもありませんでしたが、仕事にも慣れ一応手順をのみ込んでしまいますと、疲労と睡眠不足から居眠りが出るようになりました。

それが、

「お前は、手づま使い（手品師）の子と違うか」

とひやかされるほど、不思議に仕事をチャンとしながら居眠りをしているのですから、自分では居眠りをしているという自覚がないのです。

そのうち、背中がヒリヒリするのでハッとして我に返ったことがあります。着物と、帯の結び目のところが中からいぶりだして、別の男衆にもみ消されるまで、自分では気がつきませんでしたが、通りすがりの板前か配達の男衆かが、おもしろ半分私のえりもとへたばこのすいがらを投げ入れたのでありました。それは、小さいやけどですみましたが、そんな意地悪は、数えたてれば、限りのないほどで、せっかく、苦心してまきに火が燃えついたと思ったら、ちょっとのすきに、それを引っぱり出しておもしろがるおとなもおりました。どういう神経でそういうことができたものか、今もってがてんのいかないことですが、私も、無表情で、陰気で、ぶきりょうでかわい気のない、相手になんとなくいじめてやりたい気を起こさせる女の子だったのでございましょう。

とにかく、日本広しと言えど、わずか十歳の女の子で、自分の意思でものを言うことも笑うことも遊ぶことも、いっさいを封じられていた子供（というより知らなかった子供というほうが適当かもしれませんが）は、自慢ではありませんが、私ひとりではないでしょうか。そのうえ、十歳で、一度もしくじらないで一斗ちかく（約十五キロ）の御飯をたきあげたり、千人分のお弁当箱を洗ってふいて、なんてことをした女の子は、おそらく私ひとりでしょう。その意味では、私は世界一の女の子で、今なら、さっそくＮＨＫの「私の秘密」が、うっちゃってはおきますまい。

今だから、笑って、おもしろおかしくこんなお話もできますが、つらいとか苦しいとか申すことは、私のやったことより、もう少しましな、そしてもう少し楽なことをさすのだ、ということだけは、ハッキリ申せます。

ところが驚くべきことには、この世界一の女の子は、だれが来ても長続きしないことで定評のあるその仕出し料理屋で、なんとそれから八年、えいえいとして働きつづけました。

文字も、どうやら一応は読めるようになりました。一つのものを足がかりにして、さらに新しいむずかしいものに取り組んでゆきました。理解できるまで一つのものを読みつづける、という方法しかありませんから、のろのろしてはいますけれど、深めてゆくということが勉強だと悟りはじめました。

ちょうど二年くらい過ぎると、仕事のすべてのことの段取りが自分でできるようになり、物事にめはしもきき、したがって自分の時間が、少しずつうまく取れるようになりました。要領がよくなったというわけではなく、少しずつりこうになり、少しずつ都会の娘になっていったということでしょうか。

芝居茶屋や劇場へ、お重箱や弁当がらを、あげに行くようになりますと、さっそく花道の揚げ幕から、芝居をのぞくことも覚えました。ところが、あげに行く時間はほぼきまっていますから、角座の新派でも中座の歌舞伎でも一興行中、同じ芝居の同じ場面ばかりしか見られません。しかし、これが幼い私にはたいへん興味のあることでした。登場人物のセリフは四、五日もすると、その動作とともにすべて私の頭の中へ丸暗記ではいってしまうのです。おぼえてしまうとおそらくは、自分もいっしょに身ぶりをして、そのセリフを口の中でしゃべっていたように覚えています。

「けったいやなあ、あの役者、セリフまちごうてるわ」

「あっ、成駒屋はん、今夜はちょっと、手ぇ抜いてはる！」

などと、おこがましい批評精神が芽ばえてきはじめ、髪かたちから、くしかんざしの用い方、着付け、着こなしのぐあいなぞを子細《しさい》に観察するようになってゆきました。

この目のあたりちかぢかと接する、先代中村雀右衛門さんのお三輪《みわ》、先代高砂屋、中村福助さんの夕霧、喜多村緑郎先生の「侠艶録」の阪東力枝等、それに、売り出し中の花柳章太郎《はなやぎしょうたろう》先生の新鮮で若々しい演技、富士野蔦枝、三好栄子、玉村歌路などというかたがたの女優としての魅力的な演技、もし、ただいまの私の演技に、いくらかのとりえがあるとお認めいただけるなら、それこそ、きら星のようなこれら諸先輩の演技を、飽くことなく、いつ知らず自分のからだで感じ取っていたたまものでございましょうか。

ほんとうに今思い出しましても、喜多村緑郎先生の阪東力枝の、毎日、新しい演技の工夫研究のさまは、子供心にも身の引きしまる思いがいたしましたことを忘れません。門前の小僧である、習いはじめは十一歳そこそこの女の子も、とうといお経をいつの間にか覚えて、それを自分の肥料としていたものと思われます。

月謝も払わず、ときおり、トヤ番のおっさんに「おちよやん、いつまで、油、売ってるのんや」と小言をもらうくらいが関の山で、自分ではついぞ役者になろうなどとは考えたこともないのに、私は丸六年間というもの、同じ芝居の同じ幕を（それがかえってたいへんな勉強になったわけですが）、引き込まれるような心持ちで見つづけたのですから、こんなりっぱな設備と、こんなりっぱな先生がたを持つ俳優学校の卒業生は、これも私ひとりくらいのものか、と存ぜられます。

そして、十七歳過ぎるまで貧乏な者の子は、役者などにはとてもなれるものではない、と頭から思い込んでいましたから、芝居が死ぬほど大好きになり、一日見ないと病気になるくらいだったのですけれど、あくまで無慾でした。なくなられた花柳章太郎先生と、念願かなって、先年ごいっしょの舞台を踏ませていただきましたとき、

「それが、お千栄さんにとっては、たいへんよかったんだよ。そのとき、一意発心して女優の弟子《でし》にでもなっていたら、今日のお千栄さんじゃなかったかも知れないよ」

とおっしゃってくださいました。過分のおことばと存じますが、無慾は大慾に似たり、と申すことでございましょうか。

ちょうど、こういうお話のついでですからもう少し、そのころの道頓堀のお話をくわしくいたしましょう。

前にちょっと申しあげた道頓堀五座と言いますのは、戎橋《えびすばし》から東へ、浪花座、中座、角座、朝日座（ただいまの東映あたりの位置でしょうか）、弁天座（ただいまの朝日座）の順でこの五つの劇場を指すのですが、その向かい側、つまり、浜側に、全盛時には四、五十軒も軒

をつらねていたと申すのが芝居茶屋で、私が仕出し料理屋へ奉公に出ましたころにも、ざっと思い出しても、芝亀、三亀《さんかめ》、堺重《さかいじゅう》、近安《きんやす》、大義《だいぎ》、兵忠《ひょうちゅう》、大佐《だいさ》、大吉、丸市、大弥、岡嶋、稲照、松川等が、道頓堀なればこその情ちょをただよわせておりました。

この茶屋には、川に面したところにほとんどの家が桟橋《さんばし》をかけておりまして、そこへ自由に舟がつく仕掛けになっておりました。横堀のだれそれ様、京町堀のだれそれ様、お着きやでえと言う船頭さんの声がすると、店の屋号を染め抜いた赤や紫のそろいの前だれをひらひらさせながら、仲居さんたちが総勢でお出迎え、お客はひとまず二階のお座敷へ落ちつき、着がえたり、お茶を召し上がったりしたうえで、茶屋の焼き印のついたげたをつっかけ、おのおの申し込んでおいた劇場へ案内されておいでになるというしくみ、御ひいきには、それぞれ受け持ちの仲居さんがきまっていて、お飲み物から御食事まで「いつものとおりでええわ」と言われれば、ツーカーで承知というしだいです。

中には芝居見物はつけたりで、ただいまで言うデートの場所になったり、小さなパーティの場所になったりもして、なかなかおつな役目をいたしたものです。

したがって、芝居茶屋と役者の関係は、中には親類づきあいのような深い交流も生じたりいたしました。後年、私と結婚いたしました渋谷《しぶや》天外《てんがい》さんも、芝居茶屋、岡嶋さんのぼんぼん同然の扱いを受けていられましたし、私もこの岡嶋さんには、ひとかたならぬお世話になっております。

道頓堀川の水量も、今よりはずっと豊富で水も澄んでいて美しく、戎橋や太左衛門橋《たざえもんばし》の上から川面《かわも》を見おろすと、さかなの泳ぐさまが見えたくらいで、道頓堀川でとれたうなぎは特においしいなどと申しました。「ほんまかいな」と言われそうなお話です。

それに、夏の夜などは、特に情ちょがありました。紅ちょうちんや、涼しげな岐阜ちょうちんをつるした屋形船が、静かに行きかい、舞台で見おぼえのある役者衆が、御ひいき筋とさかずきをくみかわしている情景等がながめられ、宗右衛門町のお茶屋から聞こえる三味たいこの音が、まるで、芝居の下座音楽のような効果を出しておりました。

ここらのけしきを上方風とでも申すのでしょうか、東京の隅田川《すみだがわ》べりの花街情ちょとも大いに違っていたようで、一口で言うと、極彩色のあでやかさでございました。第一次欧州大戦の直後で、世も人も、特に経済都市大阪は、うけにはいっていた時代だったのでございましょう。私をのぞくすべての人はのんびりと、そして豊かに暮らしている人ばかり、という印象が、強く子供心に残っております。

私をのぞくすべての人、と申しあげましたが、お正月だから晴れ着を、お年玉を、お盆だからやぶ入りを、というような、人の子並みの扱いを一度も受けたことのない私ですから、世の中の景気の良さも悪さも直接なんの関係もない、私にはよその世界のできごとだったからでございます。

私の恩人のおひとりである、映画監督の吉村公三郎《よしむらこうざぶろう》先生が、「西陣の姉妹」をおとりになるとき、母の役を、東山千栄子《ひがしやまちえこ》さんと私との、ふたりの中から選ぼうとなさいました。ところが東山さんのほうはすでにおふたりとも、御存知よりの間がら、私とは初対面で、よく御存知ないのですが、京ことばが使える女優というので白羽の矢をお立てになったらしいのです。あとで知ったことですが、この起用には、大映の中泉雄光さんの陰の御尽力があったのでございます。中泉さんの御紹介にて初対面のごあいさつをしてお話を伺っているときから、吉村先生のテストは始まっていた訳ですが、いよいよふん装テストや台詞テストのだんになると、先生は、思い迷ったようにこうおっしゃるのです。

「東山さんは、見るからに、家の没落という一大事に遭遇しても、何ら打つべき手を知らぬ苦労知らずに育った、弱々しい大店《おおだな》の奥様にはなれるが、京都弁が難関となるし、あなたは、たとえだまって病床にふしていても、家を再興できる奥様になってしまうだろう。東山さんに京ことばを教えることがむずかしいか、あなたの身辺からただよう男まさりの勝気なものがを抜き去ることがむずかしいか、僕はあなたにお目にかかった初めから、迷っています。

しかし、脚本の指定に忠実だと、前者の難関を突破したほうが無難のような気がします。そこで、母の役は、十中八九東山さんにやってもらうことにして、あなたには別の役で顔を出してもらうことにしようと思います。

ですがね、きょう初めてお会いして、浪花さん、別の意欲がわきました。あなたのその持ち味のムードを十分生かしたもので、一本作ることをお約束しますよ」

そのお約束は、ありがたいことに、それからほどなく東映で「暴力」となって果たされましたが、この吉村先生のそのときのおことばは、いろんな意味でショックでございました、と同時に、私の自己再発見の口火ともなりました。役者となったからには、こじきもお殿様も、強い人も弱い人も、やれねばうそだと単純に考えてきた私でしたから、あなたの身辺にただよう男まさりのムードなどと、そのものズバリを言われたようで、すっかり恐縮してしまったものでございます。

物心ついてから、あどけなさとか、かわいらし気とか、そういう子供らしさの育たない土壌の中にほうり出され、美しくあれ、明かるくあれという、祈りや願いの反対側で育てられた女の子ですもの、そして十七歳までは、ただひたすらに、働け働け、とおとなに、文字どおり馬車馬のようにコキ使われ、自分もそれを宿命とあきらめて、自分だけで自分を守り生きて来た女の子ですもの、吉村先生に見抜かれるまでもなく、洗ってもちょっとやそっとでは落とし切れない墨汁《ぼくじゅう》の汚点《しみ》のような、動物の自衛本能に似たものが心の中にひろがっていて、それが自分でも気づかぬうちに、ヒラリと表面へ現われる、とでも申すのでしょうか。男まさりの勝気なムード、とは、吉村先生なればこそおっしゃってくださった演技への御注意とも、人間へのアドバイスとも受け取り、今もって感謝いたしているしだいでございます。

気心の知れたお知り合いのかたや、ファンのかたと御一しょに、お茶や、お食事などいたしますと、きまり文句のように、必ず一度は言われることがございます。

「浪花さんは、がんじょうなからだつきしていらっしゃるわね」

「先生は見るからに、エネルギッシュですのねえ」

それこそみじんも悪意のない、修飾のない卒直な御ことばなので、こちらも卒直に、必ずこう答えます。

「とにかく、物心ついてからずっと、それ働け、やれ働けで、ただの一分も動かぬときはありませんでしたから、体格が骨太にでき上がっているのですよ。ぜい肉のつく余地のないほど、骨組みが太いのですね。私の取りえは、このからだの骨組みが、ガッチリでき上がっている、ということだけですよ」

大松さんにきたえられた、ニチボーの選手のかたがたとはちょっと趣をことにしますが、私が割合、この年になりましても、体力では若いかたに負けず、くっついて行けますのは、それ働け、やれ働けのたまものではございますが、そのために精神までが骨太になっているようでは絶対にいけません。

悲しみのときは素直に泣ける神経と、楽しいときはくったくなく笑える神経を持ち、この心からさいぎ心が去り、しっと心が消え、円満に近づき、常に心にあふれる愛情を持ちたいものと、私は吉村先生のおことば以来、ひたすらに心掛け、精神修養いたすことにつとめてまいっておりますが、さて、答えはなんと出ますものやら、三十歳を過ぎてからの人間修業のむずかしさをしみじみ感じるしだいでございます。

考えますと、九歳の秋から十七歳の秋までの、まる八年間、この、道頓堀の仕出し料理屋の女中奉公時代が、私という人間が、造り上げられ、形づくられるためには、一番重大な時期であったのでございます。

目もつり上がるくらい、かたく結った、やっこさんのようなオチョボ髷《まげ》、ひざまでの短い筒そでのじみな柄の着物（ニコニコがすりという安ものが、はやっていました）、おとなのだて巻きほどしかない幅の、古友禅と黒じゅすを打ち合わせた帯を、人に結んでもらえば貝の口に、自分ではそれは結べずグルグル巻きの立て結びが関の山、それに着物のすそより長い前だれというのが、冬はあわせ、夏はひとえに変わるだけの、私の八年間を通して一貫した姿でございました。

そんなものだと思って、盆も正月も平気でそれで過ごしてきましたが、さすがに十六歳を迎えたころ、芝居茶屋の同じ年のおちよやんが、おとなになった印に髪も、前髪や、びんの出たものに結いかえられ、たもとの着物におたいこの帯を結んでもらっている姿を見て、電気に打たれたように自分の身なりに恥ずかしさを覚え、「わたしも、あんな着物を着て、あんな髪が結いたい」と、強く願望するようになりました。

仕事をしているときは、全く忘れておりますが、お使いの行きかえり、呉服屋のショウインドウの前など通りかかりますと、急に、この願いは頭をもたげ、ガラスに顔をくっつけて、人形が着ている着物の柄や、髪かたちを子細《しさい》に観察し、夢見ここちになるのでした。

この世の中にも、こんなきれいなものがあったのか、そして、女というものは、きれいにするものではないのか。

夢見るような気持ちの底から、そんな発見や疑問がわいてきて、それが胸いっぱいにひろがると、私は思い出したようにいちもくさんに主家へ帰ってきました。「思い切って、言ってみよう」、そういう、勢《きおい》たった気持ちでした。

おりよく帳場に居合わせた主人の前に手をつかえて、おそるおそる、私も十六になったのだから、近所のだれそれさんのような髪に結わせてほしい。そして、着物もたもとのある、帯もおたいこに……と、みなまで言わぬさきに、主人のば声が飛んできました。

「なんや、しょうむない、急に色気づきよって……あほも休み休み言うもんやで」

大きな声におどろいて、ぼんやりしている私の頭をこづき回すようにして、

「どつかれるで、御大家のとうはん（お嬢さん）かなんかになった気ィでいると」

と、主人は憎々しげに言うと、私をダルマをころがすように押し倒して、人をばかにしたように笑いながら、その場を立ち上がって行きました。

私は急に悲しくなり、それが怒りの気持ちに変わっていくのを、ハッキリ知りました。生まれて初めての、感情の激発を経験いたしましたのはこのときです。

いくら人並みの扱いをしないにしても、あんまりひどい、と思うと、とっさに無理解な主人への報復は、そして、みじめな自分を救う道は、死以外にはない、と決意いたしました。

「死んでやる」、天に向かって、私はそう言うと、せきを切ったように、すべてのくやしか

ったできごとの思い出が、襲いかかるように思い出され、ここで死ぬことこそ、当然、自分のたどる道のように思えてきました。

二、三年前の冬。

霜焼けでくずれた、まるで物をにぎる感覚を失っている手から、買物の二銭のおつり銭が、いつの間にか落ちてしまって、ハッと気がついて、法善寺《ほうぜんじ》から千日前《せんにちまえ》へ抜けるうす暗い小道を二度も三度も、はいずり回るようにして探したが見当たらず、どうしたものかと思案にあまった私は、窮余の一策、法界屋《ほうかいや》のまねをして、二銭を恵んでもらおうと、けなげなことを思いつきました。法界屋というのは、三味線や月琴を伴奏に、お面をかぶったように、顔だけ厚化粧をした娘が、家々の軒ばに立って、「歌わしておくれやす」と、俗に法界ぶしといった卑俗な歌を歌って物ごいをする、下層の芸人のことです。当時の大阪の町には、たいへん、この法界屋が多うございました。子供心に、なんとかせねばならぬ二銭を調達するために、ふと考えついたこととはいえ、情けないようなお話です。しかし、そのときの私は必死です。

二度目の母がいつも歌っていたあの歌、

「お月さん、ちょいと出て松の影、ハイ、今晩は、おっちゃん一銭、はり込んでちょうだい！」

と大声を張りあげて、最初に飛び込んだ浪花座の隣のかまぼこやでは、「だれや、なんや仕出し屋のおちよやんやないかいな、おことわりや」と、何をおとなをばかにしてという顔つきで断わられ、二軒目、三軒目も、笑い飛ばされて相手にもされず、四軒目の薬屋さんで、はじめて訳を聞かれました。私は、やさしく聞かれると声をあげて泣きじゃくりながら事情を説明いたしました。すると、温顔の薬屋の御主人は「そんなんやったら、これ上げるさかい、早よう持っていんで御主人にあやまったらええわ」と私の手に、銅貨をにぎらせてくださいました。わずか二銭の御恩でも、千万金にも替えられぬことと、今も感謝の念を忘れていません。

さっそく、それを家に持ってゆき、これで許してもらえると「すんまへんでした」と銅貨を主人の前へ差し出すと、

「落としたんならいたしかたないやないか、とでも言うかと思うて、自分でどこぞへかくしといて、わしをためしにだましよったんやな、まるで曽我廼家《そがのや》か楽天会の芝居やがな、わが手に持ってて落としたとは、ほんまに、末おそろしいおなごや」

と、あべこべにとんでもないぬれぎぬを着せられて、くやしくて悲しくて一夜まんじりと

もしなかった私でした。

どう言い訳をしようとも、あたたかい心でそれを理解してもらおうなど、とうていできない相談だとわかると、すでに反抗の精神が芽ばえている年齢の私は、せめて、くやしさの心やりに、九日間のハンガーストライキを思い立ち、翌日からそれをやってのけましたが、これにはさすが、主人も、ふりあげたゲンコのやり場に困ったような顔をしたものでした。映画のフラッシュバックのように、断続的にこれらの場面が私の脳裏をかすめ、死ぬことが、一番自分を解放してくれるよい道であることを確認いたしました。

死ぬ場所はどこにしよう。

そして、死ぬ手段はどうしよう。とつおいつ考えぬいた末、死ぬ場所は、文字を勉強する場でもあり、自分を取りもどす場でもあったお便所の中ときめ、死の手段は、便所のはりに自分の帯をつりさげ、首をくくることにいたしました。

悲そうな覚悟で便所へはいり、ふと前方の窓の敷居に目をやりますと、ありが一匹はっていました。よし、あのありが端まではって行ったら、足の台をけろうと思ってしたくをしていると、それは果たせませんでしたが、死のうという心境が、案外じめじめしたものでないことは、私のとうとい体験となりました。私は他動的に、そのときの自殺には失敗いたしました。

と申しますのは私が、かわいがっていたその家のねこが、ありがノロノロまん中へんをはっているとき、どうしてかぎつけたのか、便所へはいってきてニャアニャアないて私のすそをくわえてひっぱるではありませんか。なきながら、いつになく人なつっこく私にまつわりつくねこを、「私はいま、お前をかまってやるどころじゃないのだよ」と、なかばはしかりつけて、何度も追い払おうといたしますが、いっかな私のかたわらを離れないばかりか、あべこべに、じゃれついてくるのです。

さあもう、そうなりましては、死に対決するきびしさは、さあっと霧のようにどこかへ流れてしまいました。「お前のために、気イが抜けてしもうたやないの。死ぬのんは、またこんどにしよ」と、事実ありていに申せば、一度におこりが落ちたようにケロリとした気持ちになって、死というものを真剣に考えた半時間前のことが、他人事のように、自分から遠いものに感じられるのでございました。

余談ですが、あのとき、私の生命を救ってくれたのはねこ、それからと申すもの、今日に至るまで、私は、一生かかっての恩返えしをするつもりで、ねこは特にたいせつにかわいがって育てております。

とにかく、その主人と申しますのは、悪い人というのではなく、まして、いやな人というのでもけっしてありませんが、奉公人というものは、自分たちより下層の者だという、むずかしく言うと階級意識が強く、私などは、犬ころでも扱うような調子で接しておられたものとみえます。どこの家も、その点は似たり寄ったりだったようですが、特にこの家は、おえはんといい、その人のむすこである主人といい、下の者には「厳格なしつけ」という伝家の宝刀をふるって、すべてに思いやりのない人たちでありました。その証拠に、私の八年間勤めたということは前代未聞のことだそうで、下働きで二年と満足に続いた人は皆無とか、私の知っているだけでも、早い人は、ほんの一月居るか居ないで、みなその仕事のつらさに音をあげて、さっさと暇をとって去って行くのです。

その意味で、私のしんぼう強さがほめられることなのか、または、ずぶといからなのか、それともほんとうは、漫才かなんぞのように、けんかしながらも実は主人とは相性がよかったとでもいうことなのか、私にもよくわかりませんが、八年間、私をどうやら支えていたものが二つだけあることは、今日もなお確信しております。

尋常六年出ただけくらいの読み書きが、早うできるようにならなあかん、ということ。大好きになった名優花形たちのお芝居が、毎日ただで見られる、ということ。

この二つに比べたら、どなられることも突き飛ばされることも、「かんにんしとくれやす」を、一日に二、三度言うことも、たいして意に介することではないようでした。そして、一人前に、とにかく読み書きができな、何言うたかてあかん、という気持ちが大きく私を支配していました。だからこそ、まる八年、これも他動的に、その仕出し料理屋をやめることになる十七歳の日まで、年齢がふえるにしたがって、自分で自分をむち打ったり、激励したりしながら、私という孤独な女の子は、何かを夢見ながら、何かを、ぼんやり期待しながら、働いて、働いて、成長してきたのでございます。

夢。

私は、へたな字で、ただいまでも、揮毫《きごう》を求められたりいたしますと、この、夢という字を、一字書かせていただいております。

そのころの新聞や雑誌には、たいてい漢字にルビがふってありまして、まず最初に、いろは四十八文字はハッキリ頭へはいりましたが、さてこの漢字はさっぱり足がかりがつかめません。そこでお使いの行きかえりに、看板や標札や、役者衆の名、劇場や新聞の名を覚えて、その字を自分の頭へ入れてゆくことから始めました。市川右團次、中村鴈治郎と覚えますと、市川のいちは大阪市のしであること、右團次のうは右手のみぎであること、ぢは明治のぢと同じであることなどなどを発見いたします。

浪花座のなにはおぼえていても、白浪五人男はなみということをまだ知らず、「来月の中座はしらなに五人男やな」と言って大笑いされたこともありますが、この難行苦行は、大いにたのしい張り合いのあることでございました。

ルビのないむずかしい漢字に出会うと、その漢字をはさんでいるすぐあと先のかな文字から推察して読んでみると、だいたいわかるのですが、それが正しいか誤っているかをハッキリ確かめておかなければなりません。

いずれは、当時大流行の新聞連載小説の一部だったのでしょう。前にもちょっと申しあげたように三角袋になっているので、読めるところから読みはじめてゆくと、驚きに打ちひしがれた雪子は、目にいっぱいの涙をためて、という一節の、この驚きと涙という字が初めて出てきた文字でルビなしときていいます。しかし、涙のほうはすぐなみだであると理解されましたが、最初の驚きがまるで雲をつかむようです。そこで、苦心さんたんの末、そのむずかしい字をなぞるように書き取って、仕事の暇を見はからい、割合に、私にいつも好意的な、板前の吉さんという中年の人に、その字を示して「おっちゃん、これ、なんという字か、教えておくれやす」と頼みますと、吉さんは目をパチパチしてそれを見ていましたが、「けいま、と読むのと違うかいな」と教えてくれました。

けいまでは、そのすぐ下に「きに打ちひしがれた」、がまるで意味をなしません。これは私の字の敬と馬との間が離れすぎていたために、吉さんの判じ読みとなった例で、こんな悲しい笑い話は、私の、読み書きの勉強には、数えたてたらキリのないほどございます。

しかし、そうして長い年月をかけて、どうやら覚えた何百字かの漢字も、昨今では、当用漢字とか漢字制限とかで、事実上使えなくなったようでございますが、むずかしい漢字や、まちがった漢字を使うより、はじめから、おどろきと、かなで書いたほうが、どれほどとおりがいいかわかりません。ことばの持つ、深い意味とか、ことばの陰影とかが、よくわかりさえすれば、私はいいのではないかと存じております。後年になって、私は、そういうものを理解するための能力を養うほうが、単に文字を習うよりも、ずっとたいせつである、ということをはじめて知ったのでございました。

死のうとしたときはねこという、他からの力で死にそこなってしまい、仕出し料理屋は、あれから八年ぶりで、ひょっこり、私の前へ現われた父によって、いやもおうもなしに暇をとること（退職すること）になりました。

私を、ここへつれてきた祖母とおばは、どんなことがあっても、父には、私のつとめ口を知らすまいとしていたらしいのですが、父はなんらかの手段を講じて、この家に私が女中奉公していることをかぎつけたものと思われます。

父の出現は、金策のためでした。いきなり、それとは言いだしかねて、

「心配しとったんやが、お前も、見違えるようにりっぱな娘になった、おとうちゃんはこんなうれしいことはない――」

というようなことをうわの空で言いながら、お前も奉公に出てからもう八年にもなるのだから、少しは貯金もできてるだろう。商売の元手に、それを用立ててもらおうと思って、実はわざわざたずねてきたのだ、と本音を吐きましたが、私に、さかさに振っても一銭の金もないことがわかると、こんどは主人に面会し、強談判《こわだんぱん》を持ちかけるのでした。

「食わして、着せてくれるだけでいい、この子がどうにか一人前の仲居にでもなれるようにしてやってくれ」という約束で引き受けたんだし、年季奉公にしたって、まだ年季が来ていないから、金なんかびた一文出せない、と主人側は言うらしいのですが、父は、「年端《としは》もいかぬ子供を、八年間もさんざんこき使っておきながら、びた一文出せぬとは何たるひどいことだ。とにかく、きょうかぎり、親のこのおれが暇をもらうから、得心のゆくようにしてくれ」と、まるで、まともには聞けないような、双方、自分かっての応酬で、私はかたわらで、

他人の事のように冷静に、おとなのみにくさを観察していました。

しかし、結果は、主人側から一金十五円なりの（大学出の初任給が、五、六十円というころのことです）退職金のようなものを引きだすことに成功して、父は得意そうに笑いながら、わが子の私におべんちゃらを言うのでした。

「なあに、富田林へいんだら、なんぼでもええ奉公口がある。お前も、もう女一人前や、そのうえ、南の道頓堀でみがき上げてきてるんや、給金かてようけくれるとこあ、なんぼでもあるわい！」

父の言うとおり、なるほど奉公口はすぐありました。富田林では、名の知れた造り酒屋でした。しかし、父の言うように、ようけくれるかくれないかが、当の私にわかりもしないうちに、前借りという手で、父の好餌《こうじ》になっておりました。

古いしきたりが重んじられているその家では、この父の毎月の前借りにすっかりあいそうをつかし、三か月目で暇が出ました。

次は、大きな材木屋さんでした。父は、たいそうきげんよく私を送ってくれ「この家の御《ご》寮人《りょん》さんは、よくもののわかる、やさしい人だから、お前も、精出して勤めなければいけない」という意味のことを、くどくど言い残して去って行きました。

私はそこでも、陰ひなたなく、自分の運命に従順に、働きつづけました。下働きという台所の女中でしたが、奥さんにはことのほかかわいがられ、ぼっちゃんや嬢ちゃんにも、たいそう慕われました。

しかし、月末になってもいっこうにお給金が手渡されません。ひょっとすると、奥さんが、貯金でもしてくださっていて、私がお暇をいただくときに、お嫁入りのしたくになさいとい って、まとまった金額をくださるのかも知れない、そういう例はままあることなので、お家柄なりお人柄なり、自分でそうきめて半年ほど過ぎました。

ふと、ある日、父のことが私の頭の中に、予感を呼び起こすように、ひらめきました。

私は、ためらいつつ奥様の前に手をついて、たずねました。

「あら、あんた、知ってるこっちゃと思うていたのんに。あんたの年季は二十歳《はたち》までの二年間ということで、一か月五円の割で百二十円、あんたがはじめてここへお目みえに来た日に、あんたのお父さんに、ちゃんと渡してあげたんやがな――」

奥さんの答えは、私の思いどおりでした。なんという親でしょう、私は、むしろ奥さんに恥ずかしくなって、顔も上げえず、ただ深く頭をたれるのみでした。

私は、それから一年半というもの、ひたすらにいっしょうけんめいに働きつづけました。

この二年間は、しかし、私にとって、まことにとうとい二年間でございました。人の世にある美しいもの、それも形のない美しいもの、人の心に宿る愛情とか善意とか、あるいは教養とかいうものの美しさを、この奥さんや子供さんたちから、私は身をもって教えられました。私も、もう二十歳になろうとしていました。そして、この奥さんのひざもとで、女として知っておかねばならぬいろいろのことを、実にたくさん学びました。

雑草のように、だれにもかえり見もされずに無知でのほうずに、ただがんけんに生きてきただけの私という娘は、人間を形づくる最終の段階で、この奥さんによって、かろうじて、その段々を踏みすべらさないですんだのでございます。

茶道に「一期《いちご》一会《いちえ》」と申すことばがございますが、この材木屋の奥さんとの御縁こそ、私のこれからの生涯をかけても、お返しできるかどうかはなはだおぼつかない大恩で、ああ、あのとき、ああ言うてくださらなかったら、いま私はどうなっていただろう、ということが数かぎりなくあって、ただいまも感謝の心を失いません。

私は、もし万一父が出現したら、こんどこそは許さない覚悟ができておりました。なんとしても、昔の勤勉な実直な父にかえってもらわねばならぬ、かと言って、まだ子供だと思っているに違いない私ふぜいが、何かを言っても聞き入れてはくれまい、どうしたら一番いいか、日夜そのことを考えていると、ある日、今度は奥さんのほうから「少々、お前に話したいことがある」と奥へ呼び出されました。

「実は、あんたが、ほんまにようやってくれはるさかい、うち中、みんなあんたを手放しとうない言うてるんや、そしてうちから、いい御縁を見つけてあげてお嫁にやってあげたいんやが……」。年季が明けるのは今月の末、きっとねらっていて、あんたのおとうさんがくるだろう。お金というものは、人を生かしもし、殺しもする、私からはなんとも言えないけれど、あんたももうどこへ出てもりっぱな一人前の娘さんや、ここに、賞与として、恥ずかしいけれど、一か月分だけ包んであるが、これをあんたに上げる。ほんの私の志や、すくないけど気持ちだけ取っといてちょうだい、つらかったやろうが、年季明けももうすぐや、ようく考えて、自分というものを、大事に大事に扱わんとあきませんよ、おおかたそのような意味のことを、静かに、やさしくおっしゃるのです。あとで考えてわかったことですが、これは、安宅《あたか》の関の富樫左衛門の心持ちで、私に自由の天地を求めて、親の桎梏《しっこく》から飛び立て、という言外の意味があったのです。そのときには、奥さんの深い心のなかは伺い知る由もなく、私は、その金一封と奥さんのあたたかいおとりなしに、ただ涙がこぼれるばかりでしたが、その夜は父が、卑屈に自分の娘におべんちゃらを言って、金の無心に来た夢で、ハッと目がさめました。

もう私は居ても立ってもいられない危ぐ感に襲われ、考えは堂々めぐりするばかりですが、結局は御恩になったこの家に御迷惑がかかったり、父と争ったりすることはもう御免だ、という気になりました。そして、昼間の、奥さんのことばをかみしめて、はじめて、真意がわかったのです。

「私は、もうおとうさんの言いなりになってはいられない。いつまでもこの家には居たいけれど、年季が明けたとなったら、年ごろも年ごろ、こんどはどんなところへ売り飛ばされるやら、考えてもおそろしい。第一、父の言いなりになっていては私は、取柄のない、人形のようなばか女になってしまうだろう。奥さんには、ちゃんと御あいさつできぬのが心残りだけれど、私のことは奥さんが一番理解していてくださる。よし、今夜のうちにこの家を出て、父の目の届かぬ新しい自分の道を自分で見つけよう――」

盆と暮れに仕立てて着せてもらった、一ちょうらの着物が二、三枚、ゆかたが二枚、それに手回りのものをふろしき包みにし、奥様には、鉛筆で「御恩にそむくようだが、だまってお暇をいただかしてもらう、許してほしい」という意味のことを、たどたどしくありあわせの紙に書きのこして、たたんだふとんの上にのせました。

この、奥さんへの書き置き手紙が、私が、ほぞの緒切って、はじめて、読んでもらうために人にあてて書いたものの、第一号というわけでございます。どういう字を書きましたものやら、ふろしき包みを斜めに背負い、しりはし折って、裏口から夜明けの街道筋へ、足音を忍ばせて出たそのときの私の姿とを思い浮かべますと、古い回りどうろうでも見るような、涙ぐましいなつかしい思いがいたします。

さて、ようやく明けそめたばかりの街道を、足は自然に駅へ向かっていましたが、どこへ行く、どうする、という目的もまだきまってはいないのですから、考え考え歩く足どりはともすると重くなりがちですが、とにかく一番電車で、村の知った人になるべく見つからぬように注意して、大阪まで出ようと心にきめました。

幸い、だれにも見られず、電車に乗ることができましたが、電車にゆられているうちに、ふと思い出すことがありました。それは大阪の仕出し料理屋で、私はいつもるす組でしたが、年に一度の店員慰安会に、きまって京都が選ばれていたことです。

「京都いうとこは、ほんまに、何べん行ってもええとこやなあ」

「四条、円山《まるやま》、新京極《しんきょうごく》、御室《おむろ》、嵯峨、嵐山、ほんまに、ちーっとでも、見せてあげたいわ。せやけど、連れてってもらへん子には、見せてあげとうてもあげられんわなあ」

聞こえよがしに、るす番ときまっている私に、底意地悪い同輩連中の声がひびいたことも何度かありました。

そうだ、京都へ行こう。

そこには、自分を待っている何かがあるかもしれない、ある意味ではわくわくするような未知の世界への期待もあって、行く先は京都と、きめました。

どんな重い石や土に、上から押さえつけられていても、雑草は、自分だけの力で、それをよけたり、はねかえしたりして、時がくればちゃんと自分の花を開く、――そうや、私も雑草やった、だれも見てくれへんかてかめへん、私は、私ひとりの、自分だけの力で、私の花を開かすのや、それでいいんや――

知った人ひとりいない、どんなところなのか行ったこともない、京都という、今まで全く自分とはなんのかかわりあいもない都会を、わが行く先と定めたら、私は急に、自分がもう完全におとななのだ、ということを自覚いたしました。

冬のことでした。

大阪の阿部野橋で電車を降りて、べっちんのむらさき色のたびと、赤い鼻緒のげたを買ったことをおぼえています。

はじめて降り立った京都駅（当時は、たしか七条と称していたようです）私は、ためらいなく、駅前の大きな間口いっぱいの、のれんのかかった「口入れ屋」（ただいまなら私設の職業あっせん所とでもいうところでしょう。そういう職業が個人に許されていて、ずいぶん、悪徳なものもあったようです）の表戸をあけました。

「御免やす、どこぞ、わてのようなもん、使こてくれるとこ、お世話しておくれやす」

私の声が、娘らしくもない、あたりはばからぬ大声だったのでしょうか、それともあまりに勇ましく、正々堂々としていたとでもいうのでしょうか、客も店員も、その店中の、人という人全部が、一せいに私のほうをふりかえったのには、こっちがすっかりあがってしまいました。

お屋敷奉公を強く希望したにもかかわらず、私がその口入れ屋から連れて行かれた先は、京阪《けいはん》電車沿線の深草《ふかくさ》、「師団前」という停留場に近い、カフェー・オリエンタルという家でした。当時は、第一次欧州大戦からはすでに数年を経ていましたが、軍国主義ますますはなやかなりしころで、京都伏見《ふしみ》の師団の兵隊さんたちは、その界わいで大モテでした。カーキ色とサーベルと馬ふんのにおいに取りかこまれて、カフェー・オリエンタルは、そのあたり切っての一流カフェーで、女給さんも約七、八人、えりすぐった美人がそろっているという定評のある家でした。

表は、モルタルの西洋館で、ハート形の窓にはみどりや赤の色ガラスがはめ込まれ、金文字入りのガラスとびらを押して中へはいれば、そこは私にとって、はじめて見る別世界、天井には満開のさくらのつり枝、水色とうすいピンクの室内照明に、たばこのけむりが霧のようにただよい（兵隊さんたちが日曜日の御常連で、いつもは将校や、軍隊の恩恵を受けて商売をしている附近のだんな衆や若い店員さんというところが、そこのお客でした）、客と女給さんたちの話し声、笑い声、歌う声が、蓄音機の、さあーばあくうに日がおちてえ、よーるうとなあーるこおおろお、と歌う男の歌手のバリトンにまじって、そのにぎやかで、陽気なこと、面くらった私は頭がぼおーとして、その場へ一瞬立ちすくんでしまいました。それにしても、オリエンタルというのは、なんという意味であろう。男も女も、いっしょに手をたたいたり、肩を組んだり、歌ったり、そしてお酒をのんで、まことにゆかいそうで、私の今までかつて見たこともない風景だけれど、このオリエンタルという英語は、ひょっとすると、みだらなところ、という意味を持っているのではないだろうか。

二、三日して、同輩から、オリエンタルの日本語を聞いて一まず安心いたしましたが、私にとってここの生活は、ほんとうに、清水の舞台から飛び下りたようなもので、何から何までが思いもよらないことばかりで、二、三日のあいだ、どうてんのしつづけ、どうきははげしく打ちどおしでした。

住み込みの女給さんの中に、ユリちゃんと呼ばれている、私より二つ上のひとがいて、このユリちゃんがたいへん親切にしてくれるので、どこで何をして働こうと、自分の心さえしっかり持っていればいいのではないか、と思うようになりました。それに働いてみもしないで、いいも悪いもわからぬではないか、どうせ来てしまったのだから、一つ女給さんになって働いてみよう、と決心がついたのは、オリエンタルの意味が「東洋的」とわかった日からでした。

私の、生活急変の第一日、ユリちゃんにしたがって昼間から近所の髪結いさんへ行って、それから、おふろへ行く、ということにまずびっくり、おふろから上がると、ユリちゃんが、小まめにかんでふくめるように化粧のしかたを教えて、いきなり、私の顔におしろいを塗りつけたのには二度びっくり、

「あんたの顔、モダンな顔だちやさかい、あんまり白うせんと、はだ色がちょうどええわ、それにほお紅も、口紅も、あんまり赤うせんほうがよろし」

と、ひとりぎめで、どんどん私をリードしてくれるのでした。着物と帯はお店の貸与品で、

そのころ流行のきんしゃの花模様の着物に、金地に赤の市松こうしの帯、その上にすそがスカートのようにひらいている、こいきな白のエプロン、桃割れに結った髪には、歩くたびにヒラヒラ光るちょうちょうの花かんざし、足もとは白たびにフェルトのぞうり、万事、ユリちゃん任せで、でき上がって恐る恐る姿見を見て、これが私の姿かとまたびっくり、しかし、道頓堀時代から、女給さんのエプロン姿を、ふとふり返えって、うらやましそうに見送った思い出もあり、よもや自分がそうなろうとは夢にも考えなかったことだけれど、こうしてみると、まんざら悪い気持ちもいたしません。

それが接客のためのユニホームではあっても、今まで着たこともないはでな模様の絹の着物の長いたもと、胸高にきゅっとしめたおたいこの帯、私にとって、それは夢の実現に違いありません。

娘心にたもとをひるがえしてみたい衝動にかられ、姿見の前で、ひとり、いろんなポーズをしてみますが、つくづく見ると、これは、どう考えても自分の姿ではないように思え、恥ずかしくなり、お店へ出ない先から足がぶるぶる震えたりするのでした。

働く、ということは、こんなことではない、とも思えるのでした。しかし、知らぬ土地では、すぐにどうするということもできません。当分、命じられたとおりのことをして、主人や同輩に気に入られよう、そして、様子を見ながら、いくらかでも京都がわかり、少しお金がたまるまでしんぼうしよう。

それにしても、カフェー・オリエンタルというのは、英語の家号だとは知らなかった。そうや、英語の単語くらい、少し知ってんとこれからはあかんなあ、と思いつき、それこそ、レストラン、フルーツ・パーラー、デパートメントストア等、ちょっと新聞をひらけば出ているかたかなの文字を、意識的にひろって覚えていくことによって気をまぎらし、そこの生活に落ちつくように努力しました。

ゆうずうのきかない、あいきょうのない、蓄音機の針ばかり取り替えさせられている女給でしたが、そこに二か月ほどいるうちに、私の身の上には、再び急変が起こったのです。こんどは急変というよりも、自ら求めた跳躍だったかもしれません。自分から進んで映画の女優になることになったからであります。

私という娘。

生まれてからこのかた、二十歳になった年まで、人に祝福を受けるようなことはみじんもなく、「あんた十九やて、ええ！　ほんまかいな、二十七、八かと思うたがなあ、へえ！ほんまの十九歳」と、はじめて飛び込んだ京都駅前の口入れ屋の主人に、多少オーバーと思えるほど、びっくりされたように、この師団前のカフェーの何十日かが私の運命に無かったら、そのまま貧しく名もなく、台所の隅で年を重ねていったかもわかりません。きたないどぶ川の泥水のような運命にただよいながら、反抗もせず、そんなものだとあきらめていたからですが、そのためにこそ、非行少女にもならずに終わったとも言えましょう。

師団前のカフェー・オリエンタルは、わかればわかるほど、いやでたまらない職場ではありましたが、私は、そこで私の中にひそんでいた、自分もまるで知らなかったものをいろいろ発見いたしました。

どうしてそこがいやでたまらないのかと自問自答すると、好きでもない人にお世辞を言ってお酒をついだり、心にもないことを言って人をだましたり、びんの底にまだコップ一杯分くらい残っているビールを、からのように何気なく引いてきて、その残りを集めて一本にして、酔っぱらったお客に出したり、金のある人とみると、徹底的に食いさがるというようなことを極度にきらう潔癖性が自分にあるということの発見。

男にだらしがなく、買い食い好きで、暇さえあればゴロゴロ寝ころがっている光ちゃんという人と、世話好きで勤勉できれい好きのユリちゃんと、ふたりの着物姿を見比べると、ユリちゃんの着こなしが格段の差で、着物というものはその人の精神が着るものだという発見。

教育はなくても、物事に真心を持ち、腰を低くし、知らないことはなんでも人に聞いて教わる、という心さえ失わねば、それがりっぱな人間になる道だという発見。

自分の個性をよく知り、よい面の個性を常にみがく、個性がいかにたいせつかということの発見。

それと、私だってこうしてよそおい身づくろいをすれば、少しはチャーミングである、ということの発見。

たわいもない、と一笑にふされるかもしれませんが、私にとって、カフェー・オリエンタルは、ひとりの、一人前の人間として取り扱われた社会ですから、そこで発見されたものは、私という人間にとっては重大な意味があり、生きるための収獲でないわけはありません。

私は、ここまでは、人にあっちへ行け、と言われればそのようにし、人にこっちへ来いと言われれば、言われるとおりに動いて、まるで自己というものを持っていないようでありました。しかし、これはいたしかたのないことでもあり、またそうすることが実は私の自己形成の道でもあったのでしょう。

南北朝からの、武士の血が流れていると聞いた私の体内に、そのときまで眠っていたものがあるとすれば、それが、このカフェー・オリエンタルで、かすかに目ざめかけたのかもしれません。

化粧も、教えてくれた人よりも、はるかに早い時間にうまくやれるようになり、着物も自分で着られるようになり、京都の町が碁盤の目のように整っていることもわかりました。

富田林の、あの材木屋さんを出て、京都へと志したとき、そこには何かが待っているように思えたと申しましたが、待ってはいませんでした。

これ！　と直感して、私のほうから押しかけていきました。一言で言うならば、これまでは、私はすべて他動的に生きてきました。しかし、その日から私は積極的に自動的に生きることにいたしました。不幸な結婚がはじまって、それが終局を迎えるまでは、再び他動的にはなりましたが。ということは、あくまでも水のように、私という人間は、方円の器に、なんの抵抗もなくしたがえるということです。

流れるとも見えぬ、私という泥水は、たとえあるとき、よどんでくさって、メタンガスが発生しそうなときでも、じっとしていました。

どうにもがまんのならないような場合でも、自分から新しい方向へ流れ出ようとはしませんでした。

これが、それまでの私の生き方でしたが、映画女優を志したことは、私の生き方を変化させるでしょうか。積極的に生きるということは、考え方が変化しただけで、根本の生き方には、少しの変化もないのではないか、と思います。

とにかく、こんどは、自ら求めて、それこそ昨日までは考えてもみなかった新しい方向で、自分の可能性を自ら大いにためしてみることにしたのでございます。

よく、「向こうを向いていろ、と言えば、三年でも向こうを向いているほどおとなしい」などと世間のたとえに言いますが、人の言いなりに、三年向こうを向いていても、その人の内心はどうなのか、それはだれにもわからないことです。形だけ、上っつらだけ、言われたとおり、向こうを向いていても、ひょっとすると、内心、おそろしい殺意をいだいている人だってあるかもわかりません。

丸いものにも、四角いものにも、従順であるように見えて、私には、案外、反骨の精神がいつの間にか、どこかに、芽ばえていたのかもしれません。

なぜなら、そのころから私は、正しいものが泣いたり、不正なものが笑ったりする自分の周囲の世間に、義憤を感じる気持ちが頭をもたげ始めていましたから。

私の芸歴

私が、伏見師団前のカフェーの女給から、同輩のユリちゃんという人のすいせんで、当時、京都嵯峨野にあった、名もなきプロダクションの新人募集に応じたのが、この道へはいった第一歩でございました。

子供のころのおちよやん時代を、道頓堀の劇場の揚げ幕や、幕台のそでで、一日に一度、芝居を、それも名優の演技に接しない日はないくらいに過ごしてきた私ですから、あこがれの気持ちも手つだって、いかにも簡単な考えから、その話に乗ったものとみえますが、当時の映画スターには、銀座や道頓堀のカフェーやダンスホールから、いわゆるスカウトされた人がたいへん多く、もちろん無声映画のころですから、顔やスタイルさえよければ、どんなひどいお国なまりがあろうとも、平気というわけでありました。

林長二郎《はやしちょうじろう》（ただいまの長谷川一夫さん）という日本映画史上はじめての大スターも、まだ片りんをのぞかせないそのころは、阪東妻三郎《ばんどうつまさぶろう》さん（田村高廣《たむらたかひろ》さんのおとうさん）の全盛時代でございました。

運にもめぐり合わなかったのでしょうが、せっかくの意気込みも、そのプロダクションはいっこうに撮影にかかる気配もないので、日ましにくじけてゆきました。

君は、モダンな個性的な顔をしている、そしてなかなか動きにもひらめきがある。きょうから君は、三笠澄子という芸名にしたまえ、と、しょっぱなに、監督さん、と言われているハンチングをかぶった人が、いろいろ、むずかしい演技テストをしたあと、少し威厳を示して、そう言いましたが、新スター三笠澄子が、ついに映画に顔を出さないうちに、そのプロダクションはあぶくのように消えてしまうことになりました。

いよいよ解散という日、私は、そのハンチングの監督さんに呼ばれ「なんとかして君を使って、一人前の女優に仕立ててみたいと思ったんだが、残念だ、うんと勉強して、いい女優になってくれたまえ。君なら、きっとなれるよ」と言って、私を、そのころ、第二京極の三友劇場に立てこもって、人気を博していた村田栄子一座へ、わざわざつれて行って世話をしてくださったのです。ただ、それだけの御縁でしたが、この監督さんのことは、後年、いろいろのかたにその消息をおたずねしたのですが、ついにお名前すらわからずじまい、私が今日あるのは、このかたの御親切な激励からはじまっているのでございます。

さて、その村田栄子というかたは、たしか芸術座松井須磨子《まついすまこ》一座の出身とかで、毛並みのいい新しい芸風の、当時名女優と言われている人でした。私が、弟子の端に加えてもらったとき、すでに相当の御年配でしたが、「舞扇」という十八番《おはこ》にしておられる劇で、祇園《ぎおん》の舞子さんにふん装して登場されると、満場、一せいにほおーという観客の感嘆の声が上がるほどで、私なぞもそれではじめて、演技というものの本体を、見せられたようなものでございました。

方円の器に従える私の柔軟性で、私は即日、この村田栄子さんを最初の師と仰ぎ、まめまめしく、私心なく、身の回りの用事をいたしました。

監督さんの売り込みも、スターの卵くらいのことを言ってあったとみえて、舞台のほうも仕出しに毛のはえたような役ですが、次の替わりから出されることになりました。

大胆というのでしょうか、めくらへびにおじずというのでしょうか、どんなことをやらしても、はきはきやってのけるものですから、二か月にもならないうちに、相当の役がつくようになりました。そのころの、中芝居《ちゅうしばい》（つまり一級品の下の芝居という意味です）は、たいてい、月のうち二回か三回、プログラムが替わるのが常法でございましたから、次から次と、新しい出し物のおけいこをしてゆくというわけです。

村田栄子さんというかたは、ややそのころ、逆境と見受けられましたが、たいそうヒステリックで、何か気に入らないことがあると、物を投げつけたり、けとばしたりなさるのです。私も、ときおりとばっちりを受けて、一度、階段を突き落とされたことがありましたが、私はお気に入りのほうで、私も忠実に奉仕いたしておりました。

あるとき、一番目に上演されている、当時子供の間にたいへん人気のあった「正ちゃんの冒険」（注、俗に毛糸の正ちゃん帽は、この正ちゃんから、その名が由来しています）という連続漫画を劇化したものの主人公、正ちゃん役の女優さんが発熱で倒れてしまいました。

その代役が、突然お名ざしで、私に回ってきました。私は、内心「よっしゃ」と答えて、「はい」と引き受けました。と申しますのは、たいそうテンポも速くおもしろく脚色されているので、暇さえあれば、私は、それを舞台のそでで見ていまして、観客といっしょになって喜んでいたのですが、子供のころからのクセで、いつの間にかセリフを全部暗記していたのであります。

子供漫画ですし、もちろん対象は子供さんですからたいへん動きの多い、レビュー式の演出です。いかにセリフを丸暗記していると申しましても、はじめての大役、ときどき絶句してしまうのですが、それをカバーするために、ブランコにのったり、ベンチの上を飛んでみせたり、木登りのまねをしたりして、舞台せましと飛び回って、ゴマかしたんです。さあ、それが、見物のかたの人気に投じまして、やんや、やんやの大拍手を浴びる結果となってしまいました。無我夢中でやったとは申せ、ただいま思い出しましても、ひや汗三斗の思いですが、その私の冒険以来、私はこの一座になくてはならぬ若手女優のひとりにのし上がってしまいました。幸運が、ほんのチョット、私にほほえみかけた、というところでございましたでしょうか。

そうこういたしますうちに、その一座は、しばらく旅興行に出ることになりました。ということは、興行成績もおもわしくないので、劇場側としては面目一新をはかるためもあったのではないでしょうか。

いよいよこの公演かぎりというそんなある日、思いがけず、私は劇場主に呼ばれました。そして、自分の口からは、言いにくいことだが、下降線をたどる一方の村田栄子一座にこのまま居たのでは苦労の仕損だ、ずっとあんたを見てるが、あんたは、映画へいく人だ、私が東亜キネマへすいせんしてあげるから、決心して映画へはいりなさい、と熱心にすすめてくださるのです。

私なぞは、まだものの数ではないにしても、いつも給料日になると、それも何回かにわけてもらうらしいのですが、幹部級の俳優は、浮かぬ顔をして不平をならし、ひとり、ふたりと退座していくのが目だっていました。

個人的にはたとえ短い期間でも、女優としての基礎を、いろいろ手をとって教えてもらったりしているので、師としての村田さんには、情も移ってはいましたけれど、自分の将来ということを考えると、当時では、ひきがなければなかなかおいそれとは入社できぬ、東亜キネマへすいせんしてやろうというお話は、願ってもないチャンスでございました。

私は、劇場主の御紹介で、直ちに、東亜キネマへ入社いたすこととなりました。ちょうどマキノ省三《しょうぞう》先生が一門を引きつれて、この会社とたもとをわかち、マキノプロダクションとして独立された直後のことで、ここにも、旧マキノ系のかたがたくさん残留しておられました。

撮影所は等持《とうじ》院《いん》という有名なお寺の地内でしたが、私の思い違いかもしれませんが、当時そのお寺に、『雁《がん》の寺』の水上勉《みずかみつとむ》さんが、修行しておられたのではないかと存じます。

私が、東亜キネマからいただく月給は、三十五円ときめられ、そして、一か月六円の六畳のおへやを撮影所の近くで借りて、はじめて、独立したわけでございます。

やがて、私は鳥人とうたわれ、冒険俳優として当時たいへん人気のあった高木新平さんの相手役に選ばれ、山上伊太郎《やまがみいたろう》さんのシナリオで、「帰ってきた英雄」という映画に出演いたしました。

山上伊太郎さんは、山中貞雄《やまなかさだお》さんとともに、日本映画史上に消えることのないお名前のかたですが、この「帰ってきた英雄」は、奇しくも山上さんのシナリオの処女作で、それに役をさせていただいたことを、私は、忘れることのできぬ記念と存じております。

私は、毎日がたのしくてしかたがありませんでした。

思えば、こんな、だれにもじゃまされぬ、静穏な、純粋な生活が、私におとずれようとは、考えられないことでした。

一品ずつではありますが姫鏡台を買ったり、小さなちゃぶ台を買ったりして、おへやを飾ることにも、はずみがありました。月賦にしてもらって、撮影所出入りの呉服屋さんから、生まれてはじめて、自分で選んで、自分の着物を買ったときは、涙がこぼれてしかたがありませんでした。

仕事のほうも順調で、私の名前にも新スターという冠ことばがつくようになりました。

香住千栄子、というのが、東亜キネマ入社と同時に私につけられた芸名でした。この、かすみという響きが、私にはどうにもピンとこず、自分でも愛情を感じない名前でしたが、そのうち、文字どおり、この名前は、かすみのように消えてゆくことになりました。

生来、私は向こう意気の強い女性とみえまして、物事全般、正しいこととなるとすぐ味方をして、黙って見ていられなくなる性質でございます。年とともに、つとめて修養を心がけてきましたので、かなり、まるくなってはまいりましたが、今でもときどき、小失敗をくりかえしていますから、若いころのことは、推して御想像いただきます。

盆とかお正月には、きまって、映画スターの御あいさつという、人気取りの行事がございました（ただいまでも、多少、形式は違いますが、やっております）。ズラリとスクリーンの前に一列に並びまして、紹介されると二、三歩進み出て、ファンのかたに、いわゆる御あいさつをいたすわけであります。御あいさつのメンバーに加えられることは、とりもなおさずスターとして認められた証拠ですから、内心大得意でございますが、私は、これに初めて選ばれて泣きべそをかく始末となりました。

と言いますのは、訪問着を着なければならないからで、どんなに安く見積もっても、一式上から下までそろえるとなると百円くらいかかるのです。当時、百円といえば、私などには、聞いただけで卒倒するような大金でございます。よしんば月賦にしてもらっても、盆にも正月にも、つまり御あいさつのたびごとに同じものを着たのでは、第一、まわりに笑われましょう。

たった一日だけのことではあり、考えあぐねて、撮影所の顔見知りの衣裳屋のおじさんに相談すると、二十円で新品の貸衣裳一そろいを世話しようという話、地獄で仏とはこのことだとばかりにさっそく、その貸衣裳の御やっかいになって、はじめての御あいさつは、無事にすませました。

そのとき私が、御礼と書かれた水引《みずひ》きのかかったものを館主からもらったのですが、中味は一金十五円なりがはいっていました。

ところが、この貸衣裳は、一日でも二十円、一週間でも同じ二十円という損料です。衣裳というものは、一たん手を通しますと、そで口やえりや、すそが、どんなにていねいに扱っても多少よごれます。ですから損料というものは、一週間を限度として算定してあるとすると、たとえ一日でも同じ料金でなければ、ややこしくて整理上困るわけです。

そのころの私は、まだそんなことをわきまえないかけ出しです。御あいさつに出て五円の赤字を出したのでは、五円の自腹を切って訪問着をただ着ただけということになる、なんとか損料をまけてもらえないものか、と衣裳屋さんに懇願しますと、あべこべに衣裳屋のおじさんは、

「香住はん、あんさんもスターさんやおへんかいな、二十円の上に、二、三円も御祝儀をつけて、おっちゃんおおきに、ぐらいのことは、言わはるもんどっせ。二十円だけもろたかて、わいが東洞院《ひがしのとういん》松原まで往復して、その上また、返しにいく電車賃、どこから出るんどす」

と、びた一文引けないというわけです。そこで、おじさんにちょっと待ってくれと言って、

こんどは俳優課の事務所へ掛け合いに行くと、

「自分のほうから、五十円や百円使ったってかまわないから、御あいさつのメンバーにぜひ加えてくれと言うひとだってたくさんあるんですよ。貸衣裳を借りるのは君の自由で、謝礼の金額とは、なんの関係もありませんよ。スターともなれば、訪問着の四枚や五枚常にしたくしておいて、御祝儀の二円や三円いつでもバラまく心構えがないとだめですよ」

と、これまた、鼻であしらうようなことばです。

それにしても、なんという不合理、と、どこへぶっつけようもない怒りを覚えた私は、それからは、東亜キネマ在社中、がんとして御あいさつには出ませんでした。

そのうちに、経営上の行きづまりから、兵庫県の甲陽園《こうようえん》にありました撮影所（現代劇という名称でした）が等持院の撮影所へ併合されることになり、相当数の人員整理が発表されました。まだ組合の組織もない時代でしたから、陰でぶつぶつ言うぐらいがおちで、なんといってもすべてに会社側が優位に立っていました。

整理の対象を、勤務成績の悪い者、素行の悪い者というところに置いたらしく、青年部、大部屋クラスの男優女優の中から、とかくの評判を聞いている人たちがやり玉に上がっていました。

その中に、ある上層部の人の誘惑をけったために、それからというものことごとにつらく当たられ、果ては、近ごろは役もつかなくなったという、あるまじめ一方の中堅女優の名が見えました。

反対に、常に、私が（というより衆知の事実でしたが）苦々しく思っているスタークラスのある女優さんが、平穏無事なのです。この人の行状は、男出入りなどという生やさしいものでなく、常にスキャンダルの中心人物で、この人のために映画女優は誤解されている、とまで言われている人でした。

私の正義感は、ムクムクと頭をもたげました。さっそく、事務所の人事課へねじ込みに行きました。ところが、そこにはちょうど、平素から特に私に目をかけてかわいがってくださっていた小笹正人という撮影所長が居合わせて、何か打ち合わせ最中でございました。

私が、単刀直入に「失礼をも省みず、ここへ伺ったのは、どうして、あの不品行きわまりない何、某子をクビにしないで、あすからさっそく生活に困るようなまじめなA子さんを、単なるうわさだけでクビにしたのか。その理由をおたずねに上がりました」と申しますと、人事課長は、おだやかな口調で「会社も営利を目的としているので、いろいろの点をにらみ合わせて整理をしたのです。何、某子の名が出ましたが、何か、あなたはたしかな証拠をつかんでいるのですか。単なるうわさだけで、と今、あなたも言われたが、今の段階では、何、某子も単なるうわさの域を出ていません。単なるうわさどうしなら、人数の都合上、その中からひとりを選ばねばならぬとすれば、少しでも会社の収入に役だつ人を残すのは、これ人情ですね。

あなたは、前途有望な人です。他人のことなんか捨てておいて、こうなるとなおさら大いにわが社のためにがんばってもらわんと困ります。今後のあなたの責任は、重大ですよ」と、あべこべにハッパをかけられるという結果になりました。

私がくちびるをかんで、承服しかねていると、小笹正人所長が、私に近づいてこられました。

「香住君、君の正義感はわからぬわけでもないよ。しかしね、A子君のほうがうわさ、何、某子君が事実としても、その事実が表面化すれば、社会的に制裁を受けて、元も子もなくしてしまうのは、だれでもない何、某子その人だからね。そうなる前に、もちろん会社はきびしくそんなうわさのたてられないよう、当人には厳重な忠告をする必要はあるがね。

昔から、世間の口には戸がたてられぬ、と言うじゃないか。うわさなんてものは、君、天皇様の悪口だって言えるんだよ。とにかく、整理のことは、会社首脳部が苦心の末のことだ。

そんなことより、君は、君たち芸の道を行こうとする人は、常に孤独だということを知っているかね。孤独とのたたかいこそ、芸の道の修業と言えるんだよ。君は、いつまでも君ひとりさ、だれの力にも頼ってはならぬのが、芸能人の宿命だ。僕は、君はうまくいけば非常に伸びる人だと思っている、そのかわり、うまくいかないとその反対になってしまう人だ。したがって今、君はいちばんたいせつなときだ。とにかく、A子君、何、某子君どころじゃない。今、君は、君自身のことで、精いっぱいのはずじゃないか」

わかったようなわからぬようなおことばだと、そのときは思いました。ほんとうに、芸の苦しさがわかりかけてきたそのときから、五年後、十年後、いや、つい近年になってようやくはじめて、そのときの小笹さんのことばの真意がわかったような気がいたします。

私は、しかし、そのときは、何か言いくるめられたような不潔な感じで、会社そのものが、たまらなくいとわしくなってしまいました。移り気な子供のころ、あの、だれもが腰の落ちつかない道頓堀の仕出し料理屋で、七年も八年もしんぼうした私が、もうその場にいるのさえ御免という気持ちでした。

その夜、私は、自分のへやへ、半紙と筆と墨汁《ぼくじゅう》を買って帰って、辞表というものを、はじめて書きました。清く正しくA子さんに殉じょう、というような、ひとりよがりのヒロイズムだったのでしょう。

とにかく、当時の日本映画界というものは、なにかにつけて古い考え方やら、新しい随分お先走りの考え方やらが入りまじっていて、あいさつ一つにしても、幕内から来た人は夜でも、おはようございます、と言うかと思えば、しろうとからポッとはいってきた人は、今日は、と言って撮影所の門をくぐるという、何か寄せ集めで、チグハグといった感じがございました。と、申しますことは、それこそ日進月歩で伸びてきてはいましたが、底が浅く、いろいろの点で未整備なところが多く、なんでもアメリカ映画のうわべだけをなぞっているような感じがいたしました。ついその五、六年前まで、クローズ・アップもカット・バックも知らなかった映画界でしたのですから。

私は、小笹所長などの慰留をふり切って、東亜キネマを退社いたしました。若気の至りとは申せ、たいへん無てっぽうでございました。

それから、私の女優としての遍歴が、はじまります。

自分でも知らなかったそんな力が、私のどこにひそんでいたのでしょうか。幼年期に抑圧されつづけて成長してきたその底辺に、いつの間にか何かが根をおろして、いつの間にか芽ばえて育っていたのかもしれません。

東亜キネマを退社すると、すぐ帝国キネマから独立してプロダクションを創立した市川《いちかわ》百々之助《もものすけ》さん（百々ちゃんと呼ばれて、主として、勤労者の若い娘さんがたに、当時、圧倒的な人気を博していた剣劇スター）の相手役として迎えられましたが、一本も自主的な制作を行なわぬうちに、その百々之助さんは帝国キネマ（帝キネと略号のほうが一般にとおっていました）へ復帰されたので、私も行をともにし、そこで、何本かの映画に出演しました。浪花千栄子《なにわちえこ》の誕生は、この市川百々之助プロダクションへ迎えられると同時に、改名いたしましたものです。香住千栄子とはさっぱりと、東亜キネマとともにさよならし、身も心も新しい出発、といった気負った気持ちも多少あったように思います。それだけに、住居も大阪へ移して帝キネでいよいよ仕事にかかるという段になると、私のファイトは異常なものでございました。

歌川八重子、松枝鶴子、沢蘭子などという、当時の先輩大スターがめじろ押しに並んでいる帝キネへ乗り込んだのです。負けるものか、という気力だけでもたいへんなものでございました。その人たちからみると、歯牙《しが》にもかからぬニューフェース級の私、意識するほどの存在でもなかったでしょう。ここでは、百々之助さんの提示された給料の額と、いざ月末になって渡されたものとがあまりにも隔たりがあり過ぎて、びっくりして、百々之助さんにそのことを申しますと、「会社では、天下の百々之助の相手役をさしてやってるんや、ただでもええくらいや、てなこと言うて、わいの言うこと受け付けようへん、かんにんしてんか」という、まことに無責任きわまる返事、いかなる私も、あいた口がふさがらず、席をけ立ててその場をあとにいたしました。もちろん、そのときかぎり帝キネへはまいりませんでした。

もともと帝キネというのは、古い従来の太夫元《たゆうもと》と呼ばれていた興行師が、営利一点張りの製作方針で創立された会社で、それは、それで結構なのですが、たとえば、先年、日本国中を風びした「籠の鳥」を映画化して、巨万の興行収入をあげたときも、そのシナリオを書いた佃血秋《つくだちあき》さん（当時のシナリオライター）に払った脚本料がわずか二十円、いかにたばこが十銭前後、お酒が一升一円前後で買える時代としても、この脚本料はあまりに人をばかにしている、というので談判に及ぶと、

「君、あれは何か書いてあるから、まだ二十円も支払うんや、くず屋へ持って行ってごらん、一銭にもなりゃせんよ」

というひどい返事、もう話にもなんにもならんと、佃さんはプンプンしてその場を帰られたそうで、これは、ずっとあとに、御当人から直接お聞きした話ですが、万事そのイキで通してこられたものとみえます。

今のかたには想像も及ばないことでしょうが、日本の映画界が、そういうところから今日に続いているということは、何かわかるような気がいたしませんでしょうか。

さて、帝キネもそんなことでやめましてからは、私も少し考えが変わってまいりました。体当たりの大車輪で、今まではお茶をにごしてはきましたが、俳優の演技というものは、ただそれだけではいけないことが少しわかりかけてきたのです。志《こころざし》を立ててこの道を選んだからには、正しい演技を身につけたりっぱな先輩たちの中で、もっともっと、技《わざ》をみがき、心を養わねば、変なところで固まってしまうだろう。

映画で百々之助さんの相手役をしたお陰で、客寄せの看板に迎えられて、地方回りの興行に借りられたり、器用になんでもこなすので、急場しのぎに使われたりして、悩みながらも生活のために、一年ばかりを身をすりへらして働きましたが、そのうち松竹の庄野さんというかたに（このかたが新国劇の育ての親と言われています）認められて、大阪では一流の俳優を集めて結成された新潮座へ迎えられることになったときは、夢かとばかりに思いました。

今では皆さん故人となられた劇壇の大先輩ばかりですが、都築文男、山口俊雄、野沢英一、三好栄子、葛城文子《かつらぎふみこ》、守住菊子というかたがたが中心で、若手組に、ただいまも盛んに活躍されている進藤英太郎さん、原健策さん、それに三益愛子《みますあいこ》さんも、水町清子という芸名で加わっておられました。

私は、よほど、その庄野さんに気に入られていたと見えまして、松竹の専属といったような形式で契約していただき、それからは松竹系の新声劇（中田正造、辻野良一、伊川八郎、小笠原茂夫、小波若郎、和歌浦糸子、富士野蔦枝）、第一劇場（阪東寿三郎《ばんどうじゅさぶろう》、石河薫）と、移動させられ、まことにとうとい他流試合、武者修行で、思う存分勉強のチャンスを与えていただきました。私に、いささかの演技の技術があるとすれば、この時期に学びとったものが基礎となっているでしょう。進藤英太郎さんは、はじめの新潮座と、あとの第一劇場で再び御いっしょになりましてからの御縁で、それ以後ずっと、ただいままで変わりなくおつき合いいただいております。

私が、新潮座へ加入いたします前後、昭和三年の二月、まさか後日その人と結ばれるとは夢にも思わぬ渋谷《しぶや》天外《てんがい》さんが、曽我廼家《そがのや》十吾《じゅうご》さんとの松竹家庭劇で、自分の本名一雄から、亡父天外の名を襲名して、その記念の公演が中座《なかざ》で行なわれておりました。

しかし、女優としても、また人間としても、私が成長いたしました時期は、なんと申しましても、それから後、ほど経て、松竹家庭劇へ配属され、はからずも昭和五年、前記渋谷天外さんと結婚いたしまして、今次の戦争をはさんで、昭和二十五年破婚いたしますまでの二十年間かと思われるのでございます。

結婚と申しますものは、あくまで個人的なもので、つまり私生活でございます。女優とはこれは世に認められていればいるほど、職業としての責任を持たねばならない、いわば、公的生活でございます。

私が、結婚に破れました第一の原因は、この、公私を全く混同したところにあると思われます。座長天外の妻であるという私が、ある場合には女優である私とたたかい、それは血闘とも申すべき痛烈なものの連続でございましたが、そのたたかいに、どちらかの私が勝ったといたしましても、一方は必ず、当分立ち上がれないくらいに深傷《ふかで》を負っています。

私は、座長の妻であるというほこりを捨て、一座の立女形《たておやま》（古くからの、劇界の言いならわしで、一座の座長格の女形から転じて女優の場合でも、そう申します）である責任も放棄して、いっしょうけんめい、この二十年間、一座のために奔命いたしました。

当然、私がやらねばならぬ役でも、他の人に譲らねばならぬことが、往々にありました。それは、天外さんは一座の脚本家でもあったからで「亭主の脚本で、いちばんいい役をとる」と言われては、「統制上支障を来たす」ということが大義名分になっていたからです。ですから、思いもよらぬ若い役が来たり、やったこともない老婆の役が来たり、その芸域の広いこと、つまり、他の人のいやがる役、けられた役の一手引き受けというわけです。

渋谷天外という、喜劇役者としても、喜劇脚本の作家としてもすぐれた腕を持った天才的な人の、夫としての面は、ここでは私は申し上げる必要を認めません。ただ、よきにつけ、悪しきにつけ、並尋常の物さしでは計れない人であったとだけは申しあげておきますが、それゆえに、天才的なのだ、とも、人はおっしゃるかもしれません。

一方には、名人ともうたわれる曽我廼家十吾さんが、兄貴株で控えておられます。寸分の油断も許されない演技の受け渡しは、一歩はずしたら、まっさかさまに下へ落ちてしまう綱渡りのようで、お相手をしていると、油汗がにじみ出て体重がへるくらいの心の使いようです。この十吾さんと御いっしょの舞台は、人が一月かかる勉強を一日でマスターするほどの、重量感と緊迫感の連続でございました。

いろいろの変遷がありました。

そして、いろいろの事件やら紛争がありました。しかし、その中で、私は終始一貫して、妻である私と、女優である私の血闘をくりかえしながら、春を迎え、秋を送り、雨の日も風の日も、二十年間、渋谷天外とともに生きてまいりました。

それゆえに、破婚は、私にとっては、私という人間にとっては、死を意味するほど、重大なものでございました。

しかし、それからの十五年の歳月は、私をさらに成長させてくれました。

女性として、結婚を全うできなかったことは、悔やんでも悔やみたりないことでございます。では、人間としては、何を失ったでしょうか。では、女優としては、何を失ったでしょうか。

何も失っていないばかりか、私は、渋谷天外さんとの二十年で、たいへんいろいろなものを得たのでございます。

普通の夫が普通の妻に与えるものは、信頼と愛情でしかありません。私は、渋谷天外との結婚生活で、その二つを、完全に、自分のものにすることはできなかった不幸な妻かもしれませんが、女優としては、いろいろの大きな財産を受けたと思っています。私の、今日あるのは、そのときの忍従と苦難との上に開いた花だ、と思っています。

私はきょう、あらためて渋谷天外さんに、偽りないところ、心こめてお礼が言いたい気持ちであります。

「よく、ひっぱたいてくださいました。よく、だましてくださいました。よく、あほうにしてくださいました。ありがたく御礼を申しあげます。だからこそ、今日の浪花千栄子が、どうやらここまで歩いて来られたということを感謝いたします。

そして今後は、そろそろライフワークに取りかかるときかと存じています。二十年のあなたとの辛酸の体験に物言わせて、人間渋谷天外を、平伏《へいふく》さすようなりっぱな仕事を残したいものと、念願いたしています」

私の住居

大恋愛の末に結ばれたわけでもありませんし、正式にお見合いをして式をあげた結婚でもございませんから、いやになったから捨てたんだとおっしゃれば、それでもよし、うるさいから逃げ出したんだとおっしゃるなら、それもまたよしと思って弁解はいたしませんが、忠臣蔵の判官切腹のような片手落ちの一方的に、私は渋谷天外さんと離婚いたしました。

二十年連れ添って、さんざん苦労させられた妻である私に、ついに、自分たちの住み家と名のつくものを与えなかった人が、新しい女と同せいして四か月目に、無理苦面してまで家を買い与えたという事実は、別れて後、私を激怒させるに十分でした。

それまでは、私は人を憎むことのむなしさを知っていましたから、いっさい私が至らなかったからだという反省に明け暮れて、きっと仕事の上で見返しますからね、とだけ心に誓っておりました。

私が、自分の家を建てようと決心しましたのは、「向こうがやるんなら、こっちも負けるか」というようなそんな浅はかな動機からではありませんが、心のよりどころとしての、生活の基盤としての、たとえ小さくてもわが住み家を持つことが、さしずめの急務で、それが人間浪花千栄子を再建する根本問題だと悟ったからでございます。

ただ、私は故《ゆえ》なく敗軍の将になることは好みませんから、どうせ建てるのなら、向こう様並みの人のまねではいやだ、と思ったことは事実です。どっちころんだって「なにくそっ！」という負けん気はありましたが、ただ「なにくそっ！」だけでは十年かかったって家は建ちません。

当時大阪ＮＨＫのディレクター富久進次郎さんの熱心な支持と、花菱アチャコさんの名声の背中におんぶして、私の「アチャコ青春手帖」の、アチャコのおかあさんは、回を重ねるごとに好評を得、全国津々浦々に、その名を知られるようになりました。

それがきっかけとなり、映画にもちょいちょい顔を出すようになり、浪花千栄子の株はやや上昇してまいりました。

結婚に破れて、今まで何年か、仮のねぐらとしていた松竹寮を出て、失意のまま故郷へもどるわけにもいかず、とりあえず、京都公演の都度御厄介になっていた河原町四条近くの、あるお家の二階借りをいたしていましたが、収入も不安定なそのころの二階借りの遠慮から、私は、どうにかして、小屋でもいいから自分の家をと、寝てもさめても毎日思わぬ日とてはありませんでした。

月々家賃のつもりで六万円ずつ掛け金をしてゆくと、十か月目に家を建ててくれるという、名の通った建築屋さんも訪れてみました。

どうやら、この調子でがんばれば、月々六万円くらいは、どうにかできるようになるかもしれぬ、という、少々甘いが、そんな見通しもないわけではありませんでした。

お仕事のほうも、どうやら順調に、少しずつ、少しずつではありますが忙がしくなってきております。私の家への執心もそれに正比例して強くなってきて、ついに考えあぐねて、川《かわ》上拙以画伯《かみせついがはく》（川上のぼるさんのおとうさんで、松竹家庭劇以来の後援者ですが、一座のだれかれなしに、たいへんお世話になっている円満なかた。京都に在住しておられます）に御相談に伺いました。

離婚以来、はじめての訪問で、少々おもはゆい気もいたしましたが、苦労人の先生も奥様も、私の心の傷手《いたで》には少しもおふれにならず、「よくたずねて来てくださった。どうされているかとたいへん心配していた、が、ラジオの『アチャコ青春手帖』が大評判でいつもうわさしてたところだった」とあたたかく迎えて「人間は七ころび八起き、災い転じて福となすつもりで、大いにがんばってください。たとえ天外さんと別れても、あなたはあなた、できることなら、なんでも相談に乗りますよ」と、涙のこぼれるようなお心づかいを受けました。

そこで、家を建てるについての一部始終をお話しいたしますと、御夫妻口をそろえて、「月々六万というお金を掛けてゆくとおっしゃるが、それは、とてもたいへんなことですよ。

それよりも、掛けるつもりで、自分が積み立てて四十万でも五十万でもたくわえることです。それだけまとまったら、建築のほうは、なんとでも相談に乗ってあげよう、そしてあなたの好きなように家を建ててあげよう。私の家は兄弟も建築関係の仕事をしているのが多いし、あなたのためになる、いい建築屋さんを紹介もしてあげる。とにかく、掛けると思って、きょうから積み立てなさい。それが、一番りこうでいい方法ですよ」と、かんで含めるような御親切で、いろいろ建築についての知識もさずけてくださるのでした。

　私も、この川上先生御夫妻のおことばに力を得て、仕事に精進するかたわら、大いにお金をためることにも精を出しました。そして、心に受けた大きな傷口も、少しずつ治ゆしてゆくようでありました。

　なにもかも灰にしてしまった戦後の混乱の中で、なりふりかまわず、劇団と一座の座長である夫のために一身をささげつくしてきた私ですから、お恥ずかしい話ですが、ほとんど裸同然、着物も帯もチグハグで、仕事の面が急激に開拓されてゆくにつれ、なにしろ人前へ出る人気商売、そのほうへも心をくばらねばならず、お金というものは、はいるにしたがって出てもいく、まことにおあし（お足）とはよく申したものでございます。それこそ倹約に倹約をして、昭和二十七年の十二月には、どうやら四十万円の現金が積み立てられました。

さっそく川上先生の御指示にしたがって、土地さがしが始まりました。ぜいたくは申せませんが、私にとっても、これは終生のすみ家となるべきところ、慾《よく》を言えば、たとえばどんな小さな地所でもよい、高台寺《こうだいじ》あたりの高台か、南禅寺《なんぜんじ》付近の閑雅《かんが》な地、そこらあたりが、望ましいところです。仕事の合い間をぬって、どこそこにかっこうなところがあると聞けば飛び、どこそこに格安なところがあると知れば走りいたしましたが、どれも帯に短かし、たすきに長しで、土地さがしというものが、我々の役づくり以上にむずかしいものであることを、身にしみて感じさせられました。

ところが、ある知り合いのかたのつてで、お目当ての高台寺のそれも少々奥にはなりますが、北の政所《まんどころ》の廟所《びょうしょ》のあるあたりに、手ごろの土地が見つかりました。さっそく行ってみますと、値段も手ごろ、土地も、我々しろうと目にはなかなか捨てがたいもののように思われました。

川上先生の御紹介で、すでに存知あげている坂井工務店の社長に、その由《よし》を伝え、現地を見に行っていただきますと、

「あの土地は、おすすめできません。前に一本、道ができていれば多少考えも変わりますが、今のままでは、豪雨に見舞われたとき、くずれるという心配はなくても、流れる水の防ぎよ

うがありません。あの土地は、おやめなさい。及ばずながら私も大いにいいところを心掛けましょう」

という御返事です。専門家の心からのアドバイスですから、これは強行するほうがまちがっています。

さてそれからは、撮影が中止、ラジオがお休み、ということにでもなれば、朝から弁当持ちであくことなく、京都中のここと思うところを、かたっぱしから当たって歩くことにいたしました。

それこそ足を棒にして、かんを働かせて目ぼしいところをねらって、歩き回りますが、なかなか並たいていのことではありません。そうこうするうちに幾月かがむだに過ぎましたが、ふと、嵐山《あらしやま》のあそこの土地を、もういちど念を入れて聞いてみようという考えが浮かび上がりました。嵐山のあそこの土地、というのがただいまの、現在地でございますが、そこをはじめて自分のお金四十万円をハンドバッグに収め、川上先生の御案内で見にきたことがございました。

そのときは畑地で、御近所の農家のかたが、何かの種をまいていられるところでしたが、私がおそるおそるうかがいをたてると、ときどき私と同じ質問を受けるものとみえて、「持ち主は東京だが、この土地は売りません。土地はあいているが、山が見えなくなるからというので前のあき地も持っているくらいだから」と判で押したような御返事で、仕事の手を休めもいたしません。それならばしかたがない、というので、川上先生と御いっしょに、心を残しながら帰ったところだったのです。

考えると、矢もたてもたまらなく、その日はちょうど大映のお仕事が早目に終わりましたので、なんとかしてあの土地を譲り受けたい、もうあの土地しか、京都には私の探す土地はない、というような妙に気負い立つような気持ちにかりたてられるのでした。

失意のどん底で、夜の嵐山へ死に場所を求めたこともありました。忘れもしません、意を決して飛び込もうとした瞬間、私の背後に、モーターバイクのけたたましい爆音が響き、若い人が二、三人、風のように私のかたわらを通り過ぎました。私は、こうして、二度目の自殺も失敗してしまいました。

その苦い思い出のある嵐山ではありますが、それゆえにこそなおさら、そこしかないと考えるのでした。

そして、そこには、天外といっしょのころからの御ひいきで、「日本にも役者の女房はずいぶん多いが、東の青山勝子さん（故花柳章太郎先生夫人）と、西の浪花千栄子さんにまさる女房なし、ふたりは男を成功させる賢夫人のかがみで、甲乙なしの双璧ともいうべき女性である」と、まことに過分な賞賛を受けて、個人的にも、以前はたいへん御厚《ごこう》ぎをいただいた戦前の大阪で手広く御商売をやっておられた上田富貴さんとおっしゃるかたが、疎開からそのまま居ついて、今は、お花とお茶を友として、のんびりした生活を送っておられるのを思い出しました。

私が、道頓堀の仕出し料理屋に奉公しているころ、当時南地の名妓《めいぎ》とうたわれて、写真のモデルになって道行く人のせん望の的だったのがこの上田富貴さん、浪花座の前の写真館のウインドウに、夏の湯上がり姿で、艶《えん》れいな笑顔の大きな写真が出ていました。紅さし指でくちびるへ紅をさしているそのポーズのあでやかだったことは、子供心にも、見あきないチャーミングなものでした。

その人が、月移り年変わって、御ひいき客として私の前へ現われようとは、ほんとうに、つきせぬ御縁と存じております。ですから、思い出さぬわけはなく、心の隅には飛んでも行きたいものがありましたが、天外との破局をくわしくお話し申しあげることの気重さを考えると、ためらうものがあり、それに、そのためかえっていらぬ御心配をかけることになっても不本意なので、わざと遠慮していたのです。

ところが、もうマス・コミの表面へ浮かび上がった今となりましては、お伺いしないほうが人の道にはずれることであると考え、そのうちおりを見て御ぶさたのおわびにあがろうと思っていたやさきでもありました。

ちょうどいい、御相談がてら上田さんをおたずねしよう、と思いたって、大映《だいえい》からまっすぐ、幾月ぶりかで、嵐山へやってまいりました。

案のじょう、上田さんは、今まで訪ずれて来なかった私の水臭さがたいそう不満だったという口ぶりで、私がお訪ねしたことをたいそう喜んでくださるのでした。

御ひいきのお客様と女優という立場ではなく、すでに以前から女同志として、心を割ってお話しし合うなかではありましたが、それだけに、私には、いや、私の気性として、甘えてはならぬという自制心がありました。

物を、プレゼントされることや、御ちそうにあずかることを、さも当然のことのように考えるのは昔も今も変わりないことで、芸能にたずさわる者の特権とでも心得ている人が、あとを絶ちませんが、私は、それをつねづね大いに悲しいことに思っています。

お返えしのできないものなら、はじめからお受けするのを固く辞退するのがほこりというものではないか、と信じていますので、自分に力の備わらないうちは、上田さん訪問もさし控えていたというわけです。その日以来今日まで十二年間、上田さんと私とは、水のように、変わらない御交際をつづけさせていただいています。

上田さんは、自分の家のすぐかたわらへ、私が家を建てたいという望みを持って来たことをたいそう喜んでくださり、さっそく、嵐山の旧家で、嵐山のことならなんでも知っておられる、福井さんという大きな材木屋さんへ、私を引っぱって行ってくださるのでした。

福井さんの家では、その日何かお祝い事があるとみえて、玄関に来客のはき物がそろっていましたが、上田さんが私を連れてきたと申されると、とにかく上がってくれとのことでした。

福井さんの次男のかたが、慶應義塾を受験されて、さっき、帰宅されたばかりで、そこが前祝いの席だと知らされて、上田さんも私も大恐縮で、またの日をお約束しておいとましようとしたのですが、御主人も奥様も口をそろえて「あなたのアチャコ青春手帖のおかあさん役、家中がファンで、毎週たのしみに聞いています。おさしつかえなかったら、気がねなくゆっくりしていってほしい」と、御好意にあふれた御あいさつ、そして、床の間を背負ってさっきから温顔にほほえみをたたえて私を見ておられる僧衣のかたを、御主人が御紹介くださるのでした。

「御存知でしょう、こちらは、天龍寺《てんりゅうじ》の関管長様で、管長様も、大の浪花ファンのひとりですよ。きょうはむすこといっしょに管長様も東京からのお帰りみちを、ちょっとお立ち寄りいただいたところです」

ますます恐縮して初対面のごあいさつをいたしますと、関管長も「いや、あんたのアチャコ青春手帖のおかあさんはいい。あれを聞いていると心がなごやかになる。一つ日本国中のファンのために、大いにがんばってください」と、激励してくださるので、私は思わず、涙のこぼれるほど、ありがたいことに思いました。

そして福井さんは、上田さんに「さて、おふたりおそろいで御来訪の、御用のおもむきは何か」とおたずねになりますと、上田さんは「このかたが、なんとかして嵐山に自分の家を建てたいと希望しておられるんだが、どこか、御存知のところでかっこうの土地はないか、と実はおたずねにあがったしだい」だと申されますと、関管長がすぐ、

「それは不思議な因縁だ、実は、東京の友人が持っている地所で、私にいっさい任せられている土地が百八十坪あるが、現金五十万円くらいなら、しかるべき人に譲ってあげてくれと言われて、帰ってきて、いま、ここで、その話をしていたところです」

と申されるのです。そして、つづけて、

「その友人は、自分の所有のその土地を知らない、だからそんな慾のないことを言うのだが、その地内には、樹齢約百五十年を経た山ざくらの巨木があって、五十万円はそのさくらの値段にも当たらない安い売り値ですよ。あなたなら、文句なしに譲らせましょう」

とおっしゃるのです。

山ざくらの巨木のある土地と聞けば、あのお百姓さんに、にべもなく断られた、あの土地ではありませんか。気もそぞろで、管長さんに問いただすとまちがいなく、あそこの土地です。

「まあなんという結構なお話でございましょう、身に余るお話で、夢のようでございますが、残念なことに、ただいまは四十万円しか持ち合わせがございません。すぐに、明日、明後日十万円つくるというわけにもまいりません。ノドから手の出るほど、譲っていただきたい地所ではございますが、もうしばらく、全額そろいますまでお待ち願えませんでしょうか」

と、私が管長さんにお願いいたしますと、今度は、さっきからじっとお話を聞いておられた福井さんが、

「浪花さん、きょう、はじめて実物の御本人にお目にかかり、いきなり、こんな出しゃばったことを言うのは失礼ですが、私が、その不足分の十万円をお立て替えするから、即座に譲

っておもらいなさい。西北が高く、南東が低い、あんな最良の土地は、そうザラにはありません。そのうえ、国宝級の山ざくらももちろんですが、裏はすぐ天龍寺の地内につづいていますから、小倉山はあなたの家の庭のながめですよ」

二十年の、没我の献身を、それも妻と名のつく者をかんづめのあきかんかなんかのように、ぽいとけとばした人間もあれば、ただ、ラジオで声だけ聞いていただけの、しかも赤の他人様の、このあふれるような愛情と御好意もある。そのとき私は、喜びと感謝のために、声も出ないくらいでございました。

これは、ほんとうは夢なのでしょう。きっと夢に違いありません。こんなことがこの世にあっていいものでしょうか。夢、きっと夢に違いありません。笑われるかもしれませんが、ほんとうに私は、自分のほほを、そのとき、つねってみるのでした。しかし、夢ではありませんでした。このときばかりは、さあ一度にかためて、あんたに、幸福と、借りはみんな返えしますよ、という、天の声が聞こえるようでございました。

保証人の判が必要なら、私が押してやろうと、関牧翁《せきぼくおう》天龍寺管長がおっしゃってくださいました。失礼だけれど、その十万円、浪花さんに返済能力が無いときは、私が喜んでお返えしさせていただきますよ、と上田富貴さんが言ってくださいました。

なあに、今この十万円が無ければ直ちに困るわけでもない、新聞の上でだけしか知らないけれど、浪花さんはたいへん悲惨な身の上の人だから、勇気づけに御用立てしたのです。いつでも、できたときに返えしていただけばいいのですから、気軽に使ってください、と福井留次郎さんが言ってくださいました。

そしてこの事を聞いて、わが事のように川上拙以先生は喜んでくださり、坂井工務店の社長は「よっしゃ、任しとき」とばかりに張り切ってくださいました。

お隣はもとよりお向かいも、そして嵐山中の人々が、私を心からあたたかく迎えてくださいました。

そして皆様のおかげでいよいよ地所の登記もすみますと、坂井工務店の社長は、私の生きかたに全幅の賛成を示してくださいまして、第一次、第二次、第三次というふうにはじめから計画をおたてくださって、親鳥が子供にえさを運ぶように少しずつのお金を運ぶ私を、うるさがりもせず、いかにも所を得た設計で、さっそく建築にとりかかってくださったのです。

こうして、昭和二十八年の秋から建築が始まって、三十一年の春全工程を完成いたしましたが、夢にまで描いた自分の家が、推し量れない多くのかたがたの御支援と御誠意によって、嵐山という景勝の地の、それも一等地に、こんなに早く実現しようとは、私自身が、いつまでも信じられない気持ちでした。

老後を、国で保証されているわけでもない私ども芸能人は、なんらかの意味で自給自足の道を講じておかねばなりませんので、どうにか家の者が、その日のものに困らないだけのものがはいればいいというつもりで、料理旅館として、名も竹生《ちくぶ》といたしました。

これは、子供のころから大好きな竹を、あらゆるもの、庭にも、夜具の模様にも、ゆかたの柄にも、のれんにも、器にも、ほとんどすべてのものに用いていますので、家号もぜひ竹にゆかりのものをと思い、ある高名なその道のかたに名づけていただいたのでございますが、いちばんあとで完成いたしました茶室には、裏千家の宗匠におねがいして、双竹庵《そうちくあん》と御命名いただきました。

おかげさまで、十年の星霜を経ました今日では、庭木も石も、屋敷も、安定した落ちつきを示し、なんともいえない調和を感じさせます。まして、その樹、後醍醐帝の無りょうをお慰めすべく、夢窓国師《むそうこくし》が吉野からとりよせて嵐山全山に植えられたものの中の、最後に残った一本と申し伝えられる名木の山ざくらも、年々みごとな花をつけ、昨年ははるばるアメリカから、さくらの研究をしておられる植物学者のかたがたがわざわざおみえになるという、名誉を得ました。このさくらは、晴れがましくも「浪花ざくら」と名づけられて、佐野藤右ヱ門氏編の図鑑に収められております。

しかし、この清雅なそして閑寂な環境に身を置きながら、この家の主人は、芸の悩み、芸の迷いに、ときおりは眠れぬ夜もあると申せば、人は、何をぜいたくな、とおしかりになるかもしれませんが、芸の道に迷いも悩みもなくなるときは、私の生命のなくなるときと考えて、せいぜい迷い、悩み、きわまるところのない芸の道を、ますます深めてまいりたいと存じています。

それが、私の、私を助けて、はげまして、今日にしてくださったかたがたへの、御恩返しだと心得ております。

さて、この竹生の開店第一号のお客様になってくださったのが、京都高島屋の飯田さん御一行でございました。浪花さんが店を開いたのなら何がなんでも行ってやろう、というので、重役会議のあとの会食を、わざわざ竹生へ持ってきてくださったらしいのですが、玄関へはいるとすぐ、

「おや、なあんだ、新築で、木の香も新しいホヤホヤの家じゃないか。どこかのお古を買って改造したのかと思って来たが、こりゃあ、みごとに一本参った、新築のこんな風雅なつくりの家で、すき焼きなんてのはもってのほか、といってせっかくしたくしてもらった神戸の

牛肉だ、よーし、縁側だ、縁側でやろう」

と、会社では、お若いかたを何人も使っておられるポストのかたがたが、こちらの手不足を補う心づかいも手伝って、みなさんで、縁側へ移動されたのには、こちらが、恐縮してしまいました。

さて、店というものは繁盛してくれなければ困りますが、といって立てつづけにお客様に押しかけられても、こんどは人手が足りない、それではお客様の御迷惑、使用人の「ああ、御飯を食べる間もないわ」という不平不満も聞かねばならず、まことに、演技するよりもむずかしいことが多うございます。

あなた任せでもいけなければ、といって、なんでもかんでも、私が飛び出して行くわけにもいかず、ホトホト思案に余ることがございます。思案に余ると、つい投げやりな気持ちも動いてまいります。しかし、そのすぐあとから、何をばちあたりなことを考えるのだ、はじめのことを忘れたのか、あの夜のことをと、自分の声が自分の心のゆるみを、むち打ちます。

建築にかかってくださったのが、昭和二十八年の八月の末、台風シーズンへ向かう季節で建築には損だと言われたのですが、事情やむをえず取りかかってもらうことにしたのですが、私はおりからＮＨＫラジオで大評判の「アチャコ青春手帖」の実演で、大阪府下から和歌山県下を一か月間にわたって旅行することが決定しておりました。

「とりあえず、この一か月間の旅からお帰りになるまでに、あなたのへやだけは、帰ってこられた日から寝られるように建てておいてあげましょう」

と坂井工務店の社長のお約束に、どうぞ、なにぶんよろしゅうおたの申します、とお願いして、何から何までお世話になりついでと、上田さんに後事を託して、アチャコさんとの実演の旅に出ました。

全旅程を、各地とも、超満員の爆発的な人気のうえでめでたく終え、京都へ帰る夜は、和歌山はたいへんな雨で、あとで聞けば、私たちは一汽車早かったために、とにかくそれぞれ家路にたどりつけましたが、あとの列車のスタッフのかたがたは、河川増水のため運行不能になり、とうとう、朝まで駅の待合室で過ごすはめになったとか、そんなわけで、私と、その当時十七歳で私の付け人をしていた娘輝美とふたり、雨の中を嵐山へ着いたのは、かれこれ十二時近かったと記憶しています。

期待に胸をふくらまして帰ってきた私には、少々の雨なぞものの数でもなく、足早に、さくらの木を目印に、夜暗《やあん》の中を歩いてまいりました。

すると、どうでしょう。あの畑、お百姓さんが種をまいていて「この土地は売らないよ」

と、ぶっきらぼうに答えたあの畑は、石がきが組まれ、しゃれた門ができ、門内の右手には、夜目にもハッキリ黒いりんかくで平屋建ての家ができ上がっているではありませんか。

　私たちの帰った気配を察してくださったとみえて、そこへお隣の竹本さんとおっしゃる家の御主人が、雨の中をわざわざ手燭《てしょく》にろうそくを立てて持ってきてくださいました。とにかく、御礼を申しあげ、お心づくしのろうそくを拝借して、入口をはいりました。入口と申しましても、まだ格子《こうし》が間に合わぬらしく、外との境界に、一枚のむしろがたらしてあるだけです。一歩、内へはいったとき、そして、ぼんやりとしたろうそくの灯のゆらめきに、うつし出されたへやの光景を見て、私は急に、ボロボロ涙をこぼして、その場へくずれてしまいそうになりました。まだ水がたれそうにぬれてはいますが、新しい壁、新しい畳、そしてあたりにたちこめている新しい木の香、私は、娘をうながして畳の上へあがり、それをなでるような気持ちで、ペタリとその場へすわり込んで、あたりをながめ回しました。

　これが、浪花千栄子が独力で、自分の力で、いや、大きな陰の愛の力で建てることのできた、女優浪花千栄子の家なのか。

　そしてふと前方の床の間とおぼしきところに、何やら置いてあるのを、ろうそくの灯を近づけて見ると、白木の三宝に、お赤飯とたいの塩焼き一尾がのせてあるではありませんか。

祝、坂井工務店の名札が三宝にさがっているのに気がつきました。私は、人の心の深奥にふれたような気持ちで、手を合わせて感謝いたしました。なおよく、あたりを調べると、旅に出るまで御世話になっていた、河原町四条の知り合いの家から、私の夜具ふとん、柳こうり、鏡台などというようなものが、ちゃんと届けられて、ひとすみに積み上げてあるのでした。

外にははげしい雨音と、それにまじって案外遠くに川の瀬音のようなものが聞こえるだけで、私たちの呼吸の音までが聞こえるくらいの静かさです。

なるべくへやの中心へくっつけて、私と娘はふとんを敷きました。だれに遠慮気兼ねもないここは自分の家なのだ。

娘は、疲れが出たのでしょう。横になるとやがて、寝息をたてはじめましたが、私は、まんじりともせず、一夜を明かしてしまいました。興奮というのではありません。感激というのでもありません。喜びとかうれしさというのでもありません。もちろん、それらはみんな、混じりあってはいましたが、これはいったいほんとうに、ほんとうの事なのか、という疑問ともつかぬ不思議な気持ちが胸いっぱいにふくらんでいるためでした。

夜の引きあけに、私は外へ出てみました。昨夜の雨はいつの間にか上がって、すがすがしい秋の、肌寒い夜明けでした。

さくらの巨木が、きょうからの主人にあいさつでもするように、さやさやとこずえを鳴らし、二、三枚の病葉《わくらば》を落としてきました。

新しい屋根がわらの、ぬれた色も、新しい門の、新しい木肌も、みんな私に、呼びかけているように思えました。

そうだ、もう一ふんばりも二ふんばりも、大いに、もりもり仕事をしなければならない。仕事、仕事、そして、完成するまで、ふすま一枚、柱一本何から何まで、みんな私のこの腕一本から生み出さねばならぬ、そして後の世、この家が女優浪花千栄子の住居だったというささやかな栄光と名誉に守られるために。

なにか、そんな厳粛な気持ちにとらわれ、かつてない、まるで、希望に輝くおとめのような、はずんだ朝をそこに迎えたのでございます。

私をささえてくれた人々

私が、この道にはいりまして、直接、師と仰ぎ、お湯呑みや楽屋ぞうりを持って、走り回りましたのは、京都で、村田栄子先生のひざ下にほんのしばらくお世話になった時代だけで、あとはずっと、師匠なしでやってまいりました。

なにもかも自分ひとりの裁量でやらねばならぬよう余儀なくされた、つまり、親や資力のバックを持たぬ者には、しかるべき師匠に弟子入りするというようなことは、もってのほかのことでございました。

それだけに、以後の私は、いつの場合でも、どんな所でも、自分に親切に、またはきびしい愛情をもって、たとえどんな小さなことでも、注意してくださったり助言してくださったかたがたを、そのとき、そのときの師と考え、礼をつくして、そのかたの一挙手一投足から、自分のためになると思うものを、どん慾に吸収するように、つとめてまいりました。

それは単に、女優としてだけでなく、人生勉強の上でも、私などにはまことに必要なことで、そういった意味では、私ほどりっぱな師に数多く恵まれている幸福な者も、ちょっと例がないとも言えましょう。

私が今日、こうして日本の芸能界に、どうやら一つの席をいただいていますのは、たいそう多くのかたがたの御指導やら御べんたつのたまものでございますが、特に公私とも、ゆたかなあたたかいお心持ちで、ともするとくずれようとする私を支えてくださいましたかたがたのことを、思い出すまま、少し記しておきたいと存じます。

長谷川一夫先生

私がはじめて京都駅へ降り立ったそのころ、林長二郎という、今までの映画界にかつてなかった、新鮮な若々しい魅惑的な美男スターが、日本中の人気を、突風のようにまき起こしていました。

もちろん、それが現在の長谷川一夫さんでございますが、まず、私が今さら申すまでもなく、デビュー作の「稚児《ちご》の剣法」から今日までずっとこのように生命の永い大スターは、世界映画史上に、ひとりも存在しなかったと申せましょう。

私は、御縁あって、そのころは、映画スターの実演と申しましたが、「鬼あざみ」という映画でヒットした作品を劇化されて、九州地方を巡演されたとき、松竹から選ばれて御一行に加えさせていただきました。

一座していながら、私も当時は若い娘でございますから、あこがれに似た思いで、毎日、舞台のそでで、その美男ぶりを拝見していました。どこの土地へまいりましても超満員の大人気で、私たちまでが、肩身の広い思いをさせていただきましたが、このお若い長二郎時代の長谷川先生の、一座の者皆に対して、たいそう思いやりの深い、御親切なお心配りには、当時全く敬服してしまいました。単に、腰が低いとか、礼儀正しいとかいうのでなく、おだやかな物腰態度の中に、しっかりした一本の筋金が通っていまして、言うべきことは、ちゃんとおっしゃる、それでいて対する人にあふれるようなあたたか味をいだかせるのですから、名実ともに、何十万人、いや何百万人の中のおひとりと申せましょう。

長二郎時代から今日まで、ますます年輪が加わり円熟の境地へはいられ、最近は、伊勢神宮、外宮《げくう》参殿の杉の巨木をふと思わせるような風格をお備えになりましたが、若いときのその実演の御縁以来、私はたいへんお心づかいをいただいておりまして、ありがたいことに存じております。

私が、渋谷天外との結婚に破れて、芸の道にも人生にも最大の危機を迎え、道を見失おうとしていたとき、進藤英太郎さんの御配慮で、ほんとうに、何年ぶりかでお目にかかったとき、

「新聞で見て、どないしているのかなあと思うていました。まずまずお元気で何よりでした。

人間は、男でも女でも、古くから言うように七ころび八起き、へたっへたってしもうたら、へたったほうが負けです。私も、あの、顔に大負傷をしたときには、世の中がまっくらやみになった思いでした。しかし、立ち上がりました。そして災いを福に転じるために、いっしょうけんめい努力しました。

二十年かかってふたりでまいた種が、実ったと思うたら他人に刈り取られてしもうた、と思うたら腹が立つ。しかし、それを、その人は食べて生きていなさるんや、まるまる捨ててしもうたんなら惜しいけれど、それで、その人が生命を保っていなさるんなら、ええやないの、許してあげなさい。許してあげるのが、あんたの道や、そして、今度は、勇気をふるい起こして、あんたひとりで種をまきなはれ、こんど実ったら、だれも、持って行かへん。こんなことで、へたってしまわんと、さっぱりと昨日を捨てて、新しい種をまきなはれ、及ばずながら、できるお手伝いは、させてもらいますからね」

と、力強くさとされ、私は、声も出ずそのときは長谷川先生の前に、泣きくずれたい思いをこらえました。

それから、おりあるごとに、長谷川先生のお心づかいで、先生の映画に出させていただくようになりました。四十の手習いと申しますが、私は長谷川先生を再生の師とも尊敬愛慕して、それからは映画についてのいろいろのことを、教えていただき、学ばしていただきました。

先生の東宝歌舞伎には、最初から、出演せよとお招きを受けながら、おりあしく、その都度NHKの番組とスケジュールの調整ができず、御好意にそむきつづけていまして、たいへん心苦しいことに存じています。

「浪花さん、カメラというもんは、えらいこわいもんやぜ。遊びほうけていたり、疲れたりしてたら、ハッキリそれを、つかまれてしまうさかいな」

長谷川一夫先生の、きょうもなお、おとろえぬ容色と健康とは、そして実力と人気とは、すべてこのことばの中に、ふくまれているものと思われます。最近はお忙しい御様子で、それをいい口実に、御無さたを重ねておりますが、このことばは、私の座右の銘として、片時も忘れることではございません。

京マチ子さん

京マチ子さんの滝の白糸、森雅之さんの村越欣弥で製作されました大映の「滝の白糸」は、私の映画再出発のスタートともいうべき作品で、舞台時代いろいろ目をかけてくださった、野淵《のぶち》昶《あきら》先生が演出されたものでございます。京さんとは、そのときが初対面でしたが、私の役が、白糸の身のまわりの世話をする姉がわりの弟子の役でしたので、自然、撮影中はいつも京さんと御いっしょというわけで、たいへん親しくなってしまいました。

映画俳優最高の名誉ともいうべき、グランプリをおとりになって、国際的女優として地位を確保されたのは、それから一、二年後でございますが、この京さんくらい、演じられる役と実際の御本人とが正反対のかたは珍しいのではないかと存じます。役は、みなさんすでに御存知でしょうが、実物は、まことに、やさしい女らしい、デリケートなお心をお持ちになっていて、しかもたいそう朗らかなかたでございます。といって、俗に言う「才女」型というのでもなく、これは天性の徳のようなものかと思われます。

その撮影で、紀州の白浜《しらはま》へ、相当長期のロケーションが行なわれました。同じ旅館で、しかも相当親しくなっていますから、そこは女同士の気やすさ、いろいろ身の上話をいたすような、へだてのない間柄となりました。

京さんは、私、よく事情はわかりませんけれど、あなたは結婚に破れて、随分御苦労なさったらしいのね。何か、そのせいか、仕事場でも、ときどき、おさびしそうな、影のようなものを感じるんですけれど、何かちょっと危険な気がするわ、よかったら、話してくださいません？　お力にはなれませんけれど、とある夜、お食事のあと、御親切に問いかけてくださるのです。

私は、私を思ってくださるいろいろなかたの御忠告を受けて、心に受けた致命的な深傷《ふかで》から、そのころようやく、立ち上がりかけていたときですが、静かな、波の音だけかすかに聞こえるしんみりした環境で、こんなふうに、あたたかくやさしく言ってもらったのは初めてですので、みんな思い切りここで吐き出したら、いっそ心が洗われるような気がいたしまして、くわしく一部始終をはじめから話し、相手を殺して、自分も自殺しよう、とまで思いつめたこともあったことを、包まず告白いたしました。

京さんはもらい泣きをして、「わかるわ、わかるような気がするわ」と、つぶやきうなずきながら、私の長話をじっと聞いておられましたが、

「よく話してくださいました。ほんとうに、失礼だけれど、私にとってはとうとい勉強をしたようなお話です。なんと言ってお慰めしていいか、もしそのときだったら、私にはきっと、あなたをお留めすることばがなかったかもしれません。ほんとにお気の毒で、変ななぐさめやなんか、気休めのような無責任なことばは言えません。

でもね、だからこそ、しっかりしてください。自分というものを、思い切りこのさい愛してください。それだけ苦労していながら、その上、自分で自分をいじめたり、みじめにしたりすることだけは、絶対やめてください、とだけは、私言いたいわ。

あなたの心の中で、そのとき殺してもあきたりないと思った人に、りっぱに復しゅうするのは、刃をふりおろすことではなく、一日も早く、そんな人のことは、サラリと忘れ去って、何がなんでも、女優浪花千栄子として、芸の道で成功することだと思うわ。あなたより人生経験もうすい若い私が、こんなことを言って生意気だけれど、私も、これで、とても苦労してきたのよ。

親子だって夫婦だって、どんなにむつみ合い、愛し合っていたって、考えると、生まれたときも、死ぬときも、みんなひとりぼっちじゃありませんか。頼れるのは自分の力だけ、信頼できるのも自分だけ、自分さえ愛していれば、だれにそむかれることも、何も恨むこともないじゃないかと、私はいつも思っています。

浪花さん、一日も早く、過去のことはみんな忘れてください。過《あやま》ちという字は過《す》ぎるとも読みますもの。そして元気になってください。あなたの上に、一日も早く朗らかな日がくることを、心から祈らせていただくわ」

と、じゅんじゅんと、さとされるように、おっしゃるのでした。私は京さんのこの真心のあふれるお話を聞いていているうちに、霧が晴れていくように、最初感じたとおり、心が洗われたことを自覚いたしました。思い迷い、思い悩み、暗夜を行くようなそのころの私に、一つの大きな決心が生まれたのも、京マチ子さんの、そのときのことばが要因となっております。

後年、久松静児《ひさまつせいじ》先生の演出で「女囚と共に」に出演いたしましたとき、十二人のスターがみんなそれぞれ犯罪を犯した囚人にふんし、宿泊するだけが旅館で、和歌山刑務所内へ、十六日間のロケーションを行ないましたが、そこで罪の償いのため服役中のかたがたをかい間見、もしまちがって、あのとき、自分が死にそこなっていたら、今日、この人たちの何番目に並んでいたことだろう、と思い、一瞬、京さんの顔が私の目の前へ、クローズ・アップされて迫ってくる気がいたしました。私は、思わず「京さん、ほんとにありがとう」と手を合わせたことでございました。

京マチ子さんは、すぐれた女優である前に、私にとって生命の大恩人でございます。

溝口健二先生

なにかと、私のために陰のお力になってくださった中泉雄光さん（当時、大映京都撮影所長）が常々、よそへ十本出演するより、溝口作品に一本出演するほうが役者冥利《みょうり》だよ、そのうち機会をみて必ず出すから、とおっしゃってくださっていましたが、ほどなく「祇《ぎ》園《おん》囃《ばや》子《し》」で実現いたし、それが御縁となって、それ以後の溝口先生の作品には、「山椒大夫《さんしょうだゆう》」、「噂の女」、「近松物語」と、おなくなりになる直前の「大阪物語」のふん装テストまで、ずっと御やっかいをおかけいたすこととなりました。

一日がかりでワンカット、というときもあるくらい、お仕事は、一分一厘の妥協も許さぬきびしさで、溝口組の現場は、いつも水を打ったように緊張していました。はじめの「祇園囃子」では祇園のお茶屋の女将の役をいただきましたので、以前から御ひいきにしていただいていた木屋町《きやまち》の「きみや」のおかみさんをモデルにと、横と正面の写真をもらい、いろいろの角度から立居ふるまいを観察して、先生にお目にかかり「私は、これでまいりたいと思います」と自分の研究を申し上げると、先生は「なるほど、こりゃ、きみやだね。僕のほうには、君の役の参考にと思って、祇園の石幸のおかみの写真が取ってある、両方どっちでも、君のやりやすいように」と、案に相違して、ニコニコ笑ってたいへん御きげんがいいのです。

溝口組はうるさくてやかましいよ、と、お目にかからぬさきから周囲の人におどかされていましたので、いかなる私も、コチコチでしたが、あんまりおやさしいので、拍子抜けがしてしまいました。

あとで、わかったことですが、先生が六、七分のことを考えていらっしゃれば、七、八分、先生が七、八分なら、自分のほうは十分、というように、こちらが、よく研究工夫を重ねて現場へ臨めば、先生の考えておられるイメージと多少食い違いがあっても、その努力を高く評価してくださるというわけで、こちらがなんにも研究の成果を示さないで無為拱手《むいきょうしゅ》の場合に、先生の御きげんは、とどまるところを知らぬほど悪化してしまいます。

「浪花君、着物を、もう少し京都風に着てください」

と言われて、もし、京都風に着ると言いますと？　などと問い返そうものなら、

「君は、それで、自分を役者だと思っているんですか」

と、満座の中で、大雷が落ちるというわけです。

幸いに、私は、どちらかといいますと、自分に得心のいかないことには、全く融通のきか

ない役者ですから、いいにつけ、悪いにつけ考えに考え、練りに練って自分流の演技プランを作って、現場へ臨みますので、ついぞ、大目玉を食ったことがなく終わりました。しかし、これは、先生なき今日となりましては、悲しい思い出でございます。ぜいたくなこと言うなと、しかられるかもしれませんが、多くのかたがたが一度や二度は、先生の御勘気をこうむっておられるのに、私にそれがないということは、ほんとうに先生に愛されていたのかしら、と不安になるからでございます。

あの大患以前、明日から人間ドックへおはいりになるという日、珍しく先生が、小津安二郎《おづやすじろう》先生、吉井勇《よしいいさむ》先生、笠智衆《りゅうちしゅう》さん、その他おおぜいさまで嵐山へおいでになり、君たち、嵯峨豆腐《さがとうふ》のほんとうの食べ方はね……などと、みなさんで嵯峨豆腐を御賞味なさいましたが、そのとき、私を小津先生に御紹介くださって、

「おっちゃん(小津先生のこと)浪花君、たのみますよ」

とおっしゃってくださいました。その小津先生も、「彼岸花」と「小早川家の秋」の二本、お世話になりましたが、溝口先生のあとを追うようにおなくなりになりました。

名匠ふたり、あの世で、純粋な映画を愛する話題に、花を咲かせていらっしゃることでございましょう。ついでに、と申しましては失礼ですが、この小津組の現場が溝口組とはまた

違う、まるでお通夜に行ったような静かさで、先生の演出には、たいへんむずかしい注文がどんどん出され、並たいていの苦心ではございませんでした。しかしほんのさ細なことまでが、ほんとうにいい勉強になり、自分へのプラスが目に見えるようでございました。

小津先生にくらべて、木下惠介先生は全く対照的で、まずスタッフが家族同様のなごやかさ、気持ちよく笑いさざめきながら仕事が運ばれていくので、木下組の現場は、春のように朗《ほが》らかで明かるく、いつもたのしいふんい気に包まれていました。しかし、木下先生の演出は親切でデリケートな中に、キビキビしたものが感じられ、ものすごく時間のたつのが早く感じられるのでした。

こう考えてきますと、私ほど、映画のお仕事の上で、恵まれた役者はないと思います。ほんとにありがたいことだと思わずにはいられません。

と申しますのは、以上の諸先生のほかに、内田吐夢《うちだとむ》、豊田四郎、吉村公三郎、松田定次、稲垣浩、市川崑《いちかわこん》、久松静児、渡辺邦男、マキノ雅弘、田坂具隆《たさかともたか》、成瀬巳喜男《なるせみきお》、黒澤明、渋谷実等、それぞれりっぱな指導理念をお持ちの諸先生に、私の演技のいろんな面から、可能性を引き出していただき、私という俳優をつくっていただいたようなものでございますから。

もちろん、このほかにも、多くの先生がたの御やっかいになっておりまして、その一つずつの作品が、私を作り上げるたいせつな糧《かて》となっておりますことは、ほんとに役者として、これ以上のみょうりはございません。謙虚にお礼を申し上げ、これから後が、少しずつ御期待に添えるのではないかと、お約束申しあげたいと存じます。

花柳章太郎先生

ずいぶん、昔のことですが、一時、新派が下火になっていた時期がございまして、花柳章太郎先生が、藤村秀夫、藤山秋美（現藤山寛美《かんび》の父）、藤岡登喜次などという気の合った仲間のかたと、小さいグループを編成して、京阪神三都の松竹座を根城に、外国映画の間に、主として一幕物の現代劇を上演しておられたことがございます。

その時期、私が、はじめて花柳先生の舞台に接し、

「こんなすばらしい役者はんもいたんかいな」

と、こうこつとしてしまい、すっかり魅了されて以来、今日まで花柳章太郎大明神のように思ってまいりました。

どう考えましても、もう、あのようにけんらんたる、しかもみずみずしい、艶冶《えんや》な芸風を

持った役者衆（役者らしい役者の最後のひとりともいえましょう）は、今後、現われることはあるまいと思われますにつけ、今年（昭和四十年）一月突然の悲報は、泣くに涙も出ない思い出でございます。

戦前、私は舞台をつとめていますとき、ほとんど、花柳先生のこしらえを入念に研究し（もちろん、ブロマイドや雑誌の口絵、新聞の劇評や談話を参考にする程度ですが）、たまたま芸者役なんかがきますと、そっくりそのまま、ふん装着《き》つけを模倣したりいたしたもので、忘れもいたしません、瀬戸英一作「網代木《あじろぎ》」という芝居では、新聞批評で、浪花千栄子は花柳章太郎にそっくりとほめられ、当分、ぼおーっとしてしまったことがございます。

それでも、まだ御本人にはお目にかかるおりもなく、いつかお目にかかったら、芸についてのお話をうんと聞こうなどと、夢をいだいていたのでした。

ところが世間は狭いもので、私が親とも思いお親しくしている上田富貴さんと、花柳先生が、これまた以前から役者と御ひいきというようなものでなく、もっと親密な姉弟のような仲であると知り、さっそく、先生を私の家へお連れいただくことになりました。夢の実現とは、まさにこの事、三十年あこがれ、尊敬しつづけていた大先輩を、わが家へお迎えして天へものぼる思いでございました。

お目にかかると全く先生は、今まで想像していた以上にすばらしいかたで、ますます敬慕の念を深くいたしました。女形さんと申すものは、普段でも、身のこなしや口のきき方に、どこか女性を感じさせるものですが、素顔の花柳先生は、むしろ男性的すぎるくらいで、舞台のイメージとは全然反対の感じで、いまさらに、芸の力というものの偉大なことを知らされたものでございます。

そして一昨年のお正月には、念願かなって、明治座の新派初春公演に参加させていただき、先生といっしょの舞台へ立つことができました。それこそ、けいこにはいりましたその日から、手をとり足をとって、親切に御指導いただき、私はほんとうに、これで死んでも本望だと思ったくらいでございました。そのときも、舞台げいこまでは、はかま姿も魅力的な男性だった先生が、初日の幕あき、おへやへあいさつにうかがいますと、衣装かつらをつけられて、そこには、寸分のすきもない、錦絵《にしきえ》のような、美しい女形の姿がございました。せっかく覚えたセリフも、ど忘れするほどの興奮と感激でございました。

日がたつにつれ、いろいろのとうとい芸についてのお話をしてくださったり、衣装、かつら、小道具等に対する深いうんちくを傾けて、教えてくださったりで、この一か月間は、あっという間に過ぎてしまいました。また、通り流しの仕出しや、総出に出ている研究生の女の子までに、心をこめてアドバイスされている情景を拝見して、私は、自分の苦労時代と思い合わせて、涙が出るほど、新派の若い人たちの幸福を、うらやましく思いました。

お別れのときも、またそれからおなくなりになる日まで、寸暇もないおいそがしいからだなのに、おりにふれ、時にふれ絵手紙をくださり、必ず「お千栄さん、また、いっしょに芝居をしようね」と言い言いしてくださいましたのに、ほんとに、悔やんでも余りある、日本の大きな宝を、失って数にもはいらぬ私までが、人生のはかなさ無情さを感じ、当分、お仕事も手につかないほどでございました。先生の心を心として、少しでもいい女優になることが、花柳先生の御めい福を祈ることかと、近ごろは考えるようになり、元気を取りもどしております。

松下幸之助さん

私なぞくらべものにならぬくらい、お小さいときから御苦労に御苦労をなさって、今日の地位をお築きになったことを、いろいろの機会にもれ承り、その人となりには、常々敬慕の念をいだき、一度お目にかかって社会や人生について、貴重なお話をお聞かせいただきたいものと、ひそかに願っておりましたところ、幸い、過ぐる日、松下電器の社内報にのる対談のお相手に選ばれ、松下幸之助《まつしたこうのすけ》さんに、初めて親しくお目にかかる機会が与えられました。まず、お聞きすれば相当の御年配なのに、若い者そこのけの、そのつやつやとした皮膚と血色の良さに、びっくりいたし、第一に、健康にたいそう留意されておられる由お聞きして、さこそと感服いたしました。

腰が低い、と申しあげるより、ちょっとしたおことばの端にも、人間味とやさしさがあふれていて、女である私のほうが終始恐縮のしっぱなしでございました。お話をうかがっているうちに、人間としての魅力は、随所に光りを放ち、なるほど、このかたなら、何千何万の人が、安心してすがっていけるはずだと存じました。

そのときの私が感心しました話を、ひとり占めにしておきますのはもったいないので、ここに記さしていただきますが、松下さんが丁稚《でっち》をしておられた時代のこと、ある日、表のゴミを掃き寄せてちり取りに取って、ゴミ箱へ捨てようとすると、松下さんの御主人が、ちょっと待て、そのゴミを見せろと言ってとどめ、「それ、この紙くずや木くずはふろ場のたき口へ持って行け、ミカンの皮は日に干しておけ、そして泥や砂は元へもどしておけばなにもゴミ箱へ捨てるものはないではないか」と教えられたそうで、私は、ケチではないが、万事この教えを基調にして、会社経営をしてきたとおっしゃるのでした。

もう一つは、

「浪花さん、私は、人様のお世話をするときは、自分の持っている器《うつわ》にいっぱいのものを入れて、そこからこぼれる余分のものがあったら、人様のお世話をすることにしています。自分にどうしても必要な一杯しかないものを、人様に半分わければ、何かいいことをしたような錯覚を起こす。しかし自分も満腹しない、人も満腹しない、まことに中途半ぱで、世話を受けた人も、これでは不平は出ても、感謝してはくれない。たいへんむずかしいことですが、完全な意味で人を世話するということは、まず自分が完全でないといけないと、私は、常々思っています」

というお話ですが、私自身の未熟を指摘されたようにぎくりといたしました。

なるほど、松下さんのおっしゃるとおりなのですが、私は、そうと知りつつ、一杯のものを、つい半分わけてしまって、相手の不平ばかり聞いているしだいであります。

だれでも簡単にできそうで、なかなかできない、そのできないことを一つずつでもやってこられた松下幸之助さんは、凡人のようで、なかなか凡人ではありません。こういうりっぱな人生経験者に機会あるごとにお目にかかり、いろいろ教えていただくことは、人間としても女優としても、大いに必要なことと存じています。

関牧翁天龍寺管長

昭和二十八年以来、私が自分の終生の住み家ときめ、ささやかな料理旅館を開いていますところは、嵯峨天龍寺、芒《すすき》の馬場という地名の示すとおり、天龍寺の地内《じない》ですので、昔流に申せば、私は天龍寺様の店子《たなこ》のようなもので、それだけでもたいへん心じょうぶなことに存じています。

仏縁と、これを申すのでございましょうか、土地のことで、初めてお目にかかった日から、天龍寺の関管長には、ひとかたならぬ御恩を受け、以来十三年、今日に及んでおります。

存知あげぬ先から、管長は、テレビもラジオもニュースとスポーツしか御覧にならぬという鉄則を私のために破って、私の出演しているものは「アチャコ青春手帖」以来、細大もらさず御覧くださっている由承って、うれしいやらありがたいやら、思わず泣いてしまいましたが、それ以来と申すもの、ときおりお目にかかって、かためて御批評をいただくのが、何よりのたのしみ、何よりのお薬のように感じられております。

家の建築にかかりますとすぐ、それを人任せにいたしまして、いじわるく私は約一か月お仕事の旅に出なければならぬことになったのですが、ちょうどそのるす中、あの台風がありまして、嵐山一帯はたいへんひどい被害を受けました。

旅先で、私は、生きた気もせぬほど心配でしたが、そのとき、天龍寺様も、境内《けいだい》の大きな樹木が根こそぎ倒されたり、その他多くの被害をこうむられたにもかかわらず、管長は、「建築中の浪花君の家はどうであろう」と、わざわざ夜中に、何度も見回りに来てくださった由、後日それをよその人から伝え聞いて、胸がいっぱいになって、感謝のことばもなくただただありがたいことに存じました。

管長の深いお心づかいをはじめ、多くのかたがたの御好意と献身的な御熱心さで、ようやくこの家は完成いたしましたが、管長は、わが事のように喜んでくださって、さっそく検分においでになりまして、

「こりゃあ床の間やなげしに、掛け軸も額もなんにもないが、したくがないのなら私が一つ書いて進ぜよう」

と気軽におっしゃって、旬日《じゅんじつ》を経ず縦物、横物とへやに合わせて揮毫《きごう》されたものをお届けくださいました。

門に「投轄《とうかつ》」、玄関に「竹生《ちくぶ》」という管長筆の板額《はんがく》をいただきましたが、この板は、先日の台風で倒された古木で、鉛筆の軸木《じくぎ》になる貴重な木とか、台風までが、私の幸福に一役かってくれたしだいでございます。

いよいよお客を迎える日、髙島屋の飯田さん御一行が一番のりでおいでくださいましたが、すぐその門と玄関の額をごらんになり、へやへ通って床の間をごらんになって「なんと、この家は小さいクセに、スケールの大きな人の書で埋まってるじゃないか、よし、一つお祝いにこの書、この額に似合った置き物や花いけをお祝いしよう」とおっしゃってくださいました。

お心安だてに、甘えた気持ちで、私はずいぶん無理なことばかりお願いいたしますが、管長は「よしよし」といやな顔一つせず聞いてくださいます。私は原則として、人様にはけっして無理は申さない性質ですが、管長にだけは、それを申すのでございます。いや、申したいのでございます。

荒れに荒れ、乱れに乱れていた当時の私の心に、ぽっかりと明るい希望の灯を点じて、人間、愛情と真心がいかにたいせつであるかを、無言で教え導いてくださった、天龍寺管長、関牧翁師を、私は心の師と仰ぎ、心の支えといたしているのでございます。

富久進次郎さん

民間放送が発足したばかりのころ、ＮＨＫの大阪放送局の当時の中堅デレクター富久進次郎さん（ＡＫ芸能局第二制作部主管）は、「アチャコ青春手帖」のアチャコのおかあさん役に、私を起用しようと考えつき、わざわざ私をたずねて、京都へきてくださったのです。そのころの私は、四条河原町近くの裏町の、ある家の二階借りをして、ひっそりと暮らしているときでしたので、なかなかこれが簡単にわからないのです。それからそれとたずねるが、皆目、このあたり、ということだけは見当はついているが、わからない。小半日以上、富久さんは、たずねあぐねて、少々あごを出し、なかばあきらめて、四条河原町の一杯飲み屋に腰をおろしました。

そして、なにげなく、そこの御主人に、

「浪花千栄子さんって、このあたりに住んでるというのだが、もしや、おやじさん、知らんかね！」

と聞いてみると、

「浪花はんどすか、浪花はんどしたら、ついさっき、そこの銭湯へはいって行きはりましたえ」

という返事、あっけないにもなんにも、文字どおり燈台下暗し、富久さんは「あほくさ」とつぶやきながら、物事というもんは万事そんなものだ、と感じたそうです。

それから、取るものもとりあえず、富久さんは教えられたすぐそこの銭湯までおたずねくださって、たしか、まだはいっている、ということを確認して、女湯の前を行きつもどりつして、私の出てくるのを待っておられたのではないか、とこれは私の想像です。

関西の喜劇で、私の相手を選ぶなら、花菱アチャコさんしかいらっしゃらないと、心に決めていた私に、そのものズバリ、その機会を与えてくださったのは、この富久さんの好意と熱意です。

そして女優として、身も心も新しく再出発するための基盤を与えてくださったのも、富久さんの誠意です。

富久進次郎さんが、私を発掘してくださったときのことを、後日富久さんからお聞きしたとおりをここに書きしるして、富久さんへの感謝を永久にとどめておきたい存念です。

なお、ついでと申すことではございませんが、この「アチャコ青春手帖」を契機として、当時の、ＮＨＫ大阪放送局の方々には、一方ならぬ御《ご》厚誼《こうぎ》をいただくこととなり、今日に及んでおります。特に天外さんと私との、仕事上の和解のために御奔命くださった佐々木英之助さん、この上ないおだやかさ、この上ない行き届いた心くばりで終始私のわがままを通して下さった広江均さん、このおふたりのことは終生忘れることはございません。

双竹庵おりおりの記

わが家の動物園

ただいま、私のところには、スピッツが二匹、ねこが二匹、うぐいすが一羽、鯉《こい》が五十六尾、それに、どこからか、いつの間にか迷い込んできて、住みついたはと二羽がいます。この間も本願寺様のはとが年々繁殖して、近ごろではたいへんな数となり、国宝級の建物や設備品に、ふんをされるので大困り、そのふんのあと始末だけに何百万円もかかるとか新聞に出ていましたが、そう申せば最近、京都の町は、特にはとが目だつようでございます。

私のところのは昨年の秋でしたが、この小倉山の見える北の小さな庭へ一羽のはとが舞い下りるようになりましたので、家の者にえさをやるように言いまして、二、三日様子を見ていますと、ちゃんときまった時間に必ずやってくることがわかりました。

足に軽金属の環がはめてあるところを見ますと、どこかの坊やの伝書ばとかとも思いますが、そうして毎日来ているうちに、一日中、そこを基地にしてどこかへ行ったりかえって来たりしているようです。冬に向くころでもあり、寒かろうと、ねぐらもひさしあわいのところへ作ってやりました。すると、一日姿を見せなかったり、ふつか来なかったりするようになりました。どうせ、よそさまのはとだろうから、それがあたりまえと思っていますと、ことしの春さきごろから別の一羽を伴って、しげしげと来るようになりました。まるで、恋人か、奥さんを連れて帰ってきた、という感じです。そのうち三羽でくるようなときもあります。帰ってきましたよ、といわんばかりに、必ずえさ箱をからにして、またどこかへ遊びに行ってしまいます。

そして気分が向けば、小半日も、そのあたりに遊んでいます。いつからともなく、チコちゃんという名がつき、ただいまでは、家中でかわいがっていますが、不思議なもので、人間の心がわかるとみえて「チコちゃん、おかえりやす」と言って、えさをまいてやりますと、独特の低音のつぶやくような鳴き方で、大いにうれしそうに動き回ったり飛び立ったりいたします。しかし、これが、本願寺様までは行きますまいが、三羽が四羽、四羽が五羽なんてことになると、少々たいへんだと思っております。

ねこは、トクちゃん（これは先年まで、フクちゃんというきょうだいがいましたので）とタマちゃんといいまして、トクちゃんは、表玄関の二階の上がり口、タマちゃんは玄関外の供待ちの腰かけに、それぞれ、赤いフトンを敷いてもらって、そこを自分の王座といたしております。

はじめておいでくださるお客様など、ちょうど二階の上がり口の手すりの位置にトクちゃんがいますので、「招きねこかと思ったら、これは日光の眠りねこだね」と、チョイと手をおふれになります。すると、むくむくと起き上がったり、そこを飛び下りたりするものですからお客様は二度びっくり、「なあんだ、本物だったのか」と、大笑いになることがよくあります。

タマちゃんは、数年前のことですが、私が、たまたま天龍寺様の境内を通りかかりますと、子供さんが犬をけしかけて、小さいねこをいじめているのです。そんな小さいものを、かわいそうなことをするもんじゃありませんよ、と子供さんをたしなめて、そのねこを抱き上げてみると、たいへん弱っています。「これ捨てねこなら、おばちゃんが、もろうて行きまっさ」と、家まで連れて帰りましたが、とにかく呼吸困難の様子で、ここで死んだりされては心が残ると思い、さっそく獣医さんへ連れてゆきました。

それが縁で、家に置くことにいたしましたが、はじめは煮干しの雑魚《ざこ》しか食べなかったのが、だんだんぜいたくになり、昨今は、貴婦人のようにふるまいます。

これは、私の育て方が甘やかしほうだいで、たいへんまちがっていたわけで、ねこも人間も同じで、育て方のはじめがいかにたいせつであるかということで、おそろしいことです。

家の若い子が、このタマちゃんにレスリングを教え、いっしょにかくれんぼすることまで教えたのには、あきれてものが言えません。それがタマちゃんのほうから遊んでくれと催促するのですから、ますます始末におえません。

スピッツは、はじめ鶴子と亀夫という、末は夫婦にときめたのが二匹でしたが、この名前は、いやなこと不吉なことは、「ツルカメ、ツルカメ」という意味で名づけました。

これもかわいい、かわいいと甘やかして、最初から上で飼っていましたが、いよいよお客様を迎える段になりまして、犬の毛がお座敷に、たとえ一筋でも散っているようなことではいけないと考え、下で飼うことにいたしました。とにかく寝るにも起きるにも、私のかたわらを離れたことがないくらいで成長してきていますので、これが、昼間はどうにか下にいましても、夜になると、おいそれとこちらの思うようにいくわけがありません。

考えた末に、当分の間、私が横に居てやれるくらいの広いハウスを作っていただきまして、まるで人間の子供を添い寝すると同じく、子もりうたを歌って、体をさすってやってみました。すると、子もりうたを三コーラスほど歌いますと、どうやら、ここで寝るんだな、と悟ったとみえて落ちついてくれました。そこで私は「ここでおとなしく、寝んねするのよ、起きたらいけませんよ」と子供に言うように言いながらそっと立ち上がり、入り口の戸をしめて、縁側から居間へ上がってきます。

ところが、鶴子のほうはそのまま寝入ってしまいますが、私が自分のへやへ帰って、縁側の戸をしめますと、きまって、亀夫のほうが、もう一度起き上がって、ぶるぶると体をふるうのです。そして、ほえはいたしませんが、哀れっぽくぶつくさ言いながら、しばらくハウスの中を歩き回る様子です。私が子もりうたを歌っている間、たぬき寝入りをしているわけです。

ある夜、いつものように寝かしつけて、さて帰ったふりをして、足音をたてて、外から縁側の戸をしめて、じっと様子をうかがうと、案の定、むっくり起き上がった気配です。私は足音を忍ばせて近寄り、かげからハウスの前へすっと立ってやにわに「亀夫ちゃん、あんた何してなはるのえ」と言うと、かんはつをいれず、パッと横になって、じっとしてしまったのには、全く驚くやらおかしいやら、後日、テレビの座談会で、裏千家の若宗匠と御いっしょになり、この犬のお話をしてまた改めて大笑い、それは是非一度、亀夫君にお目にかかりたいと若宗匠がおっしゃって、すっかりそれ以来、人気者になってしまいました。

天龍寺の関管長が、そのお話をお聞きになり、そんな親の子なら是非ほしいと、生まれぬ先からのお約束で、やがてこの二匹を親として生まれたテリー（名付け親は関管長）は、いよいよ天龍寺へ養子に行くことになりました。

ところがこれは、生まれたときから蒲柳《ほりゅう》のしつでしたので、好き自由に育てましたのがいけません。いざまいります段になりまして、管長様に、いろいろむずかしい育て方についての参考意見を述べますと、管長は「よしよし、わかったわかった、そういうふうにしよう」と言ってくださいましたが、直接飼育係を命ぜられる人から、「そんなむずかしい犬は、同じ地つづきに住んでいて、もしやの事があると、浪花さんに合わせる顔がなくなるから、こんど、がんじょうなのが生まれたときまで、この話は保留にしてください」とテリーの養子縁組は不縁に終わりました。こんな話を、当のテリーは知るや知らずや、これがただいまいちばんいばっていまして、まるで、天下を取ったようにふるまっております。

うぐいすは、たいそうお親しくしているファンのかたから、私の誕生日の贈り物として、いただきましたもので、名前は、たけおと申します。家へまいりますまでは、ほんとに美しい声でないていたそうで、これは、きっと喜んでいただけると、そのかたの真心こめた贈り物だったのです。

ところが、私の家へきた日から一声もなき声は聞けません。もしや、私のるすのときでも、と家の者に聞きましてても「全然、なきません」という返事。

四、五日、様子をみても、おしのように黙っているので、少々ガッカリしていますと、おりしも、贈り主から、
「いかがですか、よい声でなきましたか」

と、お電話での問い合わせに、

「いいえ、それが、よい声も悪い声も、一声もなきません」

と、率直にお答えしますと、先方様は、たいへん恐縮されて、

「それはどうも、心の届かぬことで……さっそく、よくなくのとお取り替えいたしますから」

と、あすの日曜、子供にかわりのを持参させますとおっしゃるのです。

なかないから取り替える、というのも、まことにげんきんな話で、たけおがかわいそうになりましたので、日曜日の朝早く、私は、えさをやりながら、

「たけおちゃん、あんた、ちょっともないてくれへんさかい、よくなくのんと、きょう、取り替えられますのんやで、向こうへ帰ったかて、きげんようお暮らしや」

と、話しかけて、しばらくすると、どうでしょう。全く奇跡とはこのことです。ホー、ホケキョ、とすきとおるような美しい第一声を皮切りに、それこそ、せきを切ったように、い

きもつがずに立てつづけになき出しました。

家の者も、その美しい声を聞いて、びっくりして、みんなたけおのかごへ集まってきました。

取るものもとりあえず、先方様へお電話して、

「おぼっちゃん、まだうぐいすを持って、お出かけにならないようでしたら、ちょっとお待ちください。家のうぐいす、ただいま、みごとになきました。当分このままで様子を見させていただきますから」

とお伝えいたしましたが、それからというもの、よくなくようになり、私にもすっかりなれて、私がかたわらへ近づきますと大好きなぶどうの虫のはいっている場所を知っていまして、テープレコーダーのテンポのまちがったときのような声をたて、早くくれと請求いたします。

お仕事に出かける前など、このたけおの一声を聞きますと、切り火をしてもらったような、引きしまったすがすがしい気分にさせられます。

さて、いちばんおしまいは、「社長」です。ひごいが一尾、こいの稚魚《ちぎょ》が五、六十尾、私の信仰しています弁天様の池に放してありますが、このひごいは、だいぶ前に、週刊誌が大《おお》

川橋蔵《かわはしぞう》さんの夏の口絵写真を私の家で撮影しますとき御持参くださったものが、そのままそこに住みつきましたもので、稚魚は、ひごいがさびしかろうかと、ひごいの子分にとあとで入れてやりましたものです。このひごいがどうして社長かと言いますと、東映の社長は大川さん、それに橋蔵さんも大川さん、大川さんなら社長さんというので、そう、どなたの命名でしたでしょうか。

私は、朝を、自宅で迎えますかぎり、信仰しています弁天様を拝《おが》んで、お経をよむことをならわしといたしています。このお経は、ちょうど四十分かかるのですが、私がお経をよみはじめると、台所のお千代さんと申すのが、私の朝食のしたくにかかるわけです。ところが社長は、このお経の結びのお唱えをよくわきまえていまして、そのころになると、判で押したように一行を引きつれて弁天池を五、六周しはじめ、私のお経の最後の鉦《かね》の音を聞くと、私に向かって整列しますが、それが、あたかも人間の立ち泳ぎといったかたちです。終わって私は、そこで朝のえさを与えるという段取りです。まことに、不思議なもので、これは朝ごとの、私と社長とのしきたりとなって、すでに数年過ぎております。

わが家の動物園はざっと以上ですが、いずれにせよ、生きているものを相手にするということは、生やさしいことではありません。人と人との関係のむずかしさに比べれば、心に傷を負う心配はありませんが、ときどき、ひっかかれることは避けられません。

彼らによって、どんなに私のほうが救われるかしれません。花も動物も、その取り扱いはたいへんだけれど、私は、彼らと語っているときが、いちばんたのしいレジャーです。

あまぐり

東京駅へ私を送ってくださったIさんが、

「先生、はい、あまぐりです」

と、私に、ちょうどきんちゃくのように包んだ袋のあまぐりを、おみやげにくださいました。

あまぐりと私には、まだ幼い十一歳のころの、ある思い出がからんでいまして、そのお話を先年、週刊朝日の徳川夢声《とくがわむせい》さんの「問答有用」でいたしましたところ、それ以後、ちょいちょい、こうしてあまぐりをいただくことがあるのです。

昨年、あのオリンピックのマラソンを、テレビで拝見したとき、選手がゴールへ走り込むときのものすごい顔、いき苦しいとか、心臓が破裂しそうだとか、人は簡単にたとえましょうが、中には、その場へそのままぶっ倒れて、たんかでかつぎ出されたかたもあります。私はあれを見ていて、自分が実感として、胸がしめつけられるようでございました。

私が十一歳で、前述の、道頓堀の仕出し料理屋のおちよやんとして働いていました時分、角座の前の太左衛門橋南詰の東側二軒目に、「八百嘉《やおよし》」という店があり、そこで、そのころ、はじめて輸入されたばかりで、大はやりの「天津甘栗《てんしんあまぐり》」というのが売り出されていました。ただいまでも、昔と同じく、大きな鉄の平なべに真っ黒の砂とくりをいっしょに入れて焼いて売っているのを、ちょいちょい思わぬところで発見しますが、当時はたいへん珍しがられていたものです。

その八百嘉の店へ、主人の使いで、私は、ほとんど毎日のように、十銭持ってあまぐりを買いにやらされるのでした。御存知かと思いますが、そのころの仕出し料理屋の調理場は、下がしっくいで、水はけのいいようになっていますので、洗いかたや下働きはもちろん、板場さんまで、そこで仕事をする者はかし歯の高げたをはいていたものです。

家は浪花座の並びですから、その高げたをはいて、人通りのひんぱんな道頓堀を、角座の前まで往復するとどうしても、子供の足で十分はかかるのです。

ある日主人は、銀場（お帳場のことを、そう申しました）の時計を指さして、二分のところを教え「時計の針が、いま、わしが言うたところへくるまでに、くり買うてきたら、ほうびに、お前にもくりをやる」と言うのです。それまでに、何回行ったかしりませんが、ただの一粒もそれ、おだちんだよともらったことはないので、本当かしら、とは思いましたが、なんといってもまだ子供です。さも、おいしそうに見せびらかして食べている主人を見ると、思わず生つばを呑み込んで、まだ味わったことのない、未知のものへの強い誘惑を感じ、一粒、食べて見たいなあと、かねがね思っていたところです。

「はい！」

と答えるが早いか、十銭をにぎって駆け出しました。八百嘉の店で、はかりにかけて、袋の口を折りまげるのももどかしく、ひったくるようにくりの袋を受け取ると、いだ天のように駆けもどりました。主人に渡して、ゴクリとつばをのんで、かまちの下からじっと銀場の主人を見上げて様子やいかに、と立っている自分の姿、なんのことはない、まるで犬がチンチンしている姿に、さも似たりというところです。

「きょうはあかん、ここまでに、と言うたのに六分かかってるさかい、くり、やれへんで」。そしてまた、次の日も「五分もかかってるがな、あかん」、また次の日も「四分ちょっとや、あかん、あかん」。まるで、おもしろがって、私をからかっているとしか受け取れません。

子供ながら、ふてくされる気にもなりますが、主人には勝てません。よーし、という気になって次の日、十銭渡されると、家を出るまでは普通で、しきいの外へ出ると、やにわに高げたを脱いで両わきにかかえ込み、八百嘉へ向かって一散走り、ところが、そんなときにかぎって道頓堀の人通りははげしく、気ばかり急いでなかなかうまく走れません。しかし、一念天に通じたのか、ついに二分の壁に近づきました。

いきせき切ってかけもどり、くりの袋をポンと銀場へ置きますとフラフラとしたのはそのときです。吐く呼吸も吸う呼吸も乱調で、頭の中はガーン、ガーンと鐘を打っているよう、目の中は打ち上げ花火、主人の顔が電気にかかったようにビクビク動いて見え、足の裏は、やけどをしたようにヒリヒリして、今にも倒れそうな感じです。

主人はくりの袋を受け取ると「きょうがいちばん今までのうちで早かったで……さ、おだちんや」と袋から一粒のくりを出し、銀帳の小口にのせて、くりを割りますと、つやつやした丸い実が出ました。

私は思わず胸苦しいのも忘れて「おおきに」と頭をさげて手を出しますと、そのくりの実は、主人自らの口へポイとほうり込まれました。

私は、急に自分がみじめになり、くりをほしがった自分が憎らしくさえなりました。あまぐりなんかほしいもんか、今に、きっとおとなになって出世したら、あのくり、なべごと買い占めてやるわいと、我とわが身を慰め、いたわるのでした。

コンクリートの道をはだしで走り、心臓がつぶれてしまいそうになった思い出、ふと、マラソンのゴールの情景で、その苦しさを思い出したしだいです。

それから四十余年後、その「問答有用」でしたが、私が羽田から京都へ帰る日、徳川夢声さんと週刊朝日編集部御一同から、このあまぐりの贈り物をいただきました。そして、なべはないが、なべの中のくり全部買いましたとの御書状が添えられておりました。

いまさらのように遠い昔の、みじめだった幼い日の事を思い浮かべながら、機上では、そのあついくりの贈り物をひざに抱き、新しい涙を落としました。

京都へ帰りまして、お心づくしのくりを、神だなや御仏壇に供え、さて、いただこうといたしましたが、どうしてもノドを通りません。いま、私が、これをムシャムシャ食べてしまえば、もうあの思い出ともお別れになってしまいましょう。

もっとりっぱな人間になって、そして楽隠居になってから、ゆっくりくりとさし向かいで、味わわしていただこう、それをたのしみにいたすことにきめました。

とにかくマラソン選手のゴール直前の苦しさは、私には、そんなわけで、よくわかるような気がしたのでした。

手

私は、いつのころからともなく、夜、寝床につきます前、自分のからだを、自分の両手でさすりながら、

「きょうも一日、よく働いてくれました。さぞ、疲れたことでしょう」

と、いたわることが、ならわしとなっています。

幼いころから人中へ放り出され、いやも、おうもなしに、このからだを酷使してまいりました。立ったまんま居眠りをしたり、仕事をしながら居眠りをしたりすることも珍しくなく、考えますと、よくまあ続いたものと感心するくらい、犬ころのように働きつづけてまいったのです。

そういうことが、あるいは一種の、ハード・トレーニングとなりましたのでしょうか、今日まで、さしたる大病にもかからず、わずかの時間でも、動いていることのほうが、気持ちはよろしゅうございます。

なにごとにも、私は昔から、からだごとぶつかってゆく、といった性質ですので、今でもときどき若い人にひやかされるほど、タフなところをお見せしますが、さすがに、家へ帰って、落ちつきますと、グッタリしてしまいます。

融通がきかないというのか、愚直なとでもいうのか、お仕事は申すに及ばず、なにごとにも、力を少しセーブするということが、できないのですから、因果な性質と自分を恨むよりいたしかたありません。

痛むからだの節々を、両手でさすりながら、そのわずかの時を、反省のときとも心得て、自分で自分をしかったりほめたりもいたします。

しかし、ふと考えますと、この手は、この痛むからだの節々を、やさしくさすっているこの手は、両手でいたわってやることができないのです。

私は、右手で左手を、左手で右手を、巻き込むように抱きしめてやりながら、感謝のほおずりやら口づけをしてやります。

おとなでさえ一つまちがえば大けがをするほどの大きなたでまきを割った手、ほとんど一日中、洗いものをしていた手、霜やけや、ひびあか切れで、これが人の子の手かと思われた手、自殺をしようとしてはりに帯をひっかけた手、罪となるべきことをすれすれに、およそ人生の貧しい低地の、あらゆる苦難を経験してきた手、私は、自分の中でいちばん愛してやらねばならぬのは、この手であることに気がつき、再び、この手を不幸な目にあわさぬよう、合掌して誓うのでございます。

ところで手腕《しゅわん》といえば、やっぱり手ですが、これは手や腕そのもののことを言うのでないことはもちろんですが、私が、嵐山に、料理旅館「竹生《ちくぶ》」を経営するようになりましてから、もう十数年になりますが、経営者としての手腕はどうかと問われますと、これは率直に「とんと、あきまへん落第生です」と、無条件で、手腕のないことを認めざるを得ません。

建築が完成いたしますと、私のお仕事のほうも順調に上昇線をたどり、その一つ一つをたいせつに、それこそ前述の体当たりでぶつかっていくことが、おかげさまで認められ、半月一月、家をあけることはザラで、平均しますと家にいるのは、数時間、京都のお仕事でも、家はほんの寝に帰るだけということが、かなりつづきました。

お店のほうも、それからそれへとお客様が、お客様をお連れくださるというほど、繁盛いたしまして、ようやく苦労の種に花が咲くかと思われましたが、これがすべて人任せになっておりますので、毎月々々、収支の勘定が、ハッキリいたしません。設備も、まだいろいろとお金のかかる時期でもありましたし、私の本職のほうが、いくぶん収入が増加してきてい

ましたので、

「今月はこれだけ、すみませんが……」

という報告を受けると、ザッとそれに目を通すだけが関の山、つい、あしたの仕事のほうがたいせつなので、大ざっぱにそれ税金、それお支払い、と言われるとおり毎月、少なからぬ額を投入するしだいです。

お店というものは、よそ目には、よくもうかっているように見えるらしいけれど、内実は苦しいものだ、くらいに考えて、使っている人は信じなければいけない、ということを固い信条として、私は、私の本職で大いに多忙をきわめておりました。

もともと、老後のためにという意味と、それにしても、ただ住むだけの家ではもったいないから、環境を生かしたものを、という意図で建てられたもの、どうにか、家の維持さえできればそれでいいと思っていたのですが、維持どころか毎月の持ち出しには、いくぶん不思議な点もありまして、よくしらべたいとは思いながらも、とにかく私に暇がないのです。

こんなことが相当期間続きまして、私は、自信喪失、少々人を使うことにいや気がさしてきていました。おりもおり、おふろへはいっていらっしゃるお客様の懐中ものから、何枚かお札が紛失したとか、玄関で、大きな声で呼んでも、すぐには出て来ない、竹生は掛け取りにハイヤーでのりつける、などという悪評が大小さまざま、波の押し寄せるように、私の耳へ一つずつはいってきました。

全権を任せている人は、さるお親しいかたの御紹介でできてもらった、五十がらみの未亡人で、なかなかしっかりしている女性、あとはお勝手は別として若い娘ばかりで、社会の経験も浅く、指導法次第では、どうにでもなる人たちです。こんないまわしい評判がたったんでは、それこそ、私の顔にかかわる一大事、かと申して、きびしく糾明して、結果、家からなわつきを出すようなことになるのも、私にはとうてい忍びがたいことです。まことに、私の不明ゆえに、たいせつなお客様に不快の念を起こさせ、御迷惑やら御損害をおかけしてしまい、いっそ、分不相応のことをした自分をしかる意味からも、廃業、ということまでしんけんに考えるに至りました。

だれかれと言いません。とにかく、責任者として、まずあなたに身を引いていただく、と熟慮の結果、勇をこして、その未亡人に宣告いたしました。あとの娘たちには、私が家に居ようが居まいが、陰ひなたなくやってほしい、もし、それのできない人は、即刻、このさいおやめなさい、と厳重に申し渡し、私の竹生改革案を示しました。

どうやら、そして、今日までまいりましたが、私の全く関知しない、しかも私の経営する

「竹生」の乱脈は、その後もずっと尾をひいて、一朝一夕で、失った信用は取りもどせませ
ん。

幸い、ただいまは、その後、養女といたしましためいの輝美をはじめ、皆、私の心を心として よくやってくれていますので、じょじょに信用も回復しつつあります。時にふれ、私はみなに申します。

「せっかく、御ひいきにしていただいたお客様を、いろんな不祥事でひとり失いふたり失いして、全く、私の不明のいたすところとはいえ、おわびのしようもないことです。それでもいつかは、また、帰ってきてくださるかもしれません。とにかく、自分をたいせつにするということは、人様もたいせつにすることです。私は、誠意を失わずに陰ひなたなくやっていれば、失った損失は大きいけれど、きっとプラスになって帰ってくると思います。自分をたいせつにして、竹生をもりたて、私に、いいお仕事を、後顧の憂いなく、やらせてください。おねがいしますよ」

最近は、お仕事のほうも、選ばしていただけるようになり、家にいる時間も、ずっと多くなりました。一時のような、ブームは過ぎ去りましたが、竹生のほうも、みなよくやってくれますのでどうやらこうやら、正しく呼吸をいたしております。

そういうわけで経営者としての手腕は、相変わらずゼロに近うございますが、変な手腕なら、無いほうが結構、持ち前の体あたりでいくほうがむしろいいのではないか、と近ごろ少し、悟ってきたような気がいたします。

アチャコさんと竹生

昭和二十七年の一月、NHK大阪放送局から、関西で、もし、私が再起のスタートを切るなら、花菱アチャコさんと御いっしょに、とひそかに念願していましたのが実現して「アチャコ青春手帖」が始まりましたが、回を追うごとに、我々もびっくりするほどの聴取率を上げ、全国的に、たいへんな人気を博しました。

渋谷天外との破婚から、一時は再起できるかどうか自分でも全く自信を失っておりましたが、常々、アチャコさんの芸風を存じ上げていましたので、もしアチャコさんの相手役になれたら、女優としてカムバックできるのではないか、と、おぼろ気に、そう感じていたわけで、少々、生活が苦しくても、アチャコさんと共演できるまではがんばろう、と他の話を断わりつづけてまいったのです。

「アチャコ青春手帖」の圧倒的な成功は、もちろん、NHKの企画の成功ではありますが、私は私で、自分の目に狂いがなかったことをひそかに喜んだものでございます。

それこそ初顔合わせでしたが、はじめから呼吸がピタリと合って、まことにはりあいのあるたのしい仕事となり、自然そういうたのしい空気が、電波から全国でお聞きくださっている多くのかたがたにも伝わるとみえて、小さいお子さんがたにまで、アチャコのおかあさん、アチャコのおかあさんと親しまれるようになりました。

ちょうどそんなとき、今の家も、ほぼ第一期の工事を終わり、お親しくしている気学の先生に「竹生」と名づけていただきました。その命名の目録を書いてもらった日が、NHKの録音の日で、その足でスタジオ入りをいたしました。

さっそくアチャコさんに「どうです、これ」と、その目録を差し出しますと、わが事のように喜んでくださり「どれどれ」と目録をひらくや、

「浪花はん、これ、あんた、チクショウと読みまんのんか」

と、大きな声で、びっくりしたように言われるんです。

「いややわあ、それ、ちくぶ、琵琶湖《びわこ》の真ん中の、竹生島のちくぶでんがな、ちくぶと読んどおくれやす……」

即座に、そうは訂正いたしましたものの、日本語の欠点で、おっしゃるとおりにも読めるわけですから、内心こりゃ今のうちに改名してもらったほうが、無難かとも考えましたが、天衣無縫《てんいむほう》のアチャコさんのお人柄、意に介することでもないと今日まできてしまいました。

この、アチャコさんは、お聞きしたところによりますと、お寺の御住職の子としてお生まれになったのですが、どうしても坊さんになるのがいやで、山田五十鈴《やまだいすず》さんのおとうさんで、当時女形として売り出し中の、新派俳優山田九州男《やまだくすお》さんのお弟子になって、俳優修業をはじめられたのが、芸道へのスタートだそうです。そして、いろいろ長い間の御苦労の末、横山エンタツさんと組んで、日本の演芸界に、背広を着た、話術だけの漫才を、作り出されたのでした。それが、今日、大阪の代表的な演芸として、長い人気を保ち大衆に受けている、しゃべり漫才のはじまりです。

アチャコさんは、おつき合いが深まるほど、滋味豊かなかたで、宗教的に物事を判断して、すべてのことを、善意に、善意に、と解釈されます。とうてい私などにはできないことでして、いつも感服いたします。同じ苦労をされても、苦労によって、その人柄が清められているように感じられる、アチャコさんのようなかたは、珍しいりっぱなかただと存じます。

アチャコさんの芸風からは、想像も及ばないと思いますが、たいへん、潔癖で、放送のときはぬれタオルを用意されて何度も手をおふきになり、これがそれだけでは足りず、七時間くらいスタジオにかんづめというような場合は、何枚新しいハンケチをお使いになるでしょう。

さて、そのアチャコのおかあさんですが、修学旅行のシーズンになりますと、当時は、観光バスの車掌さんが、「この道を約三十メートル行きますと、右側に竹生と申す旅館がございます、これが、皆様よく御存知の、アチャコさんのおかあさん、浪花千栄子さんのおうちでございます」。

なかなか、よく勉強されているとみえ、これが「お父さんはお人好し」に変わり、最近は、「太閤記《たいこうき》」に変わりまして、バスが停車いたしますと、一度にどっと生徒さんたちの大軍が、さして広くもない竹生の玄関口へ殺到いたします。

見てくださったり、聞いてくださるお客様あっての我々、あだおろそかには思いませんが、そしてからだがあいていますときは、できるだけのサインの求めにも応じますが、時を選ばず、中にひどいのは、お寺か神社と同じく、観光の場所とまちがえておられるらしく、どんどん上がり込んで、お客様の座敷をのぞいたり、ふろ場の戸をあけたりなさるかたも現われて、うっかり、できなくなってしまいました。

それで先年、窮余《きゅうよ》の一策、山が見えなくなるから人には譲らぬとおっしゃっていた、竹生とは道をへだてたところの土地を、御無理言って、そこに、わざわざ遠方からおたずねくださった、修学旅行の生徒さんや先生がたの御休憩所を、作らせていただきました。

これで、どうやら、旅館のほうは、観光シーズン中のお客様のプライバシーは保てることにはなりましたが、人気と申すものは、うれしいような、おそろしいような、そして、まるで実体がなにか不可解なような、おもしろいものでございます。

たいせつにしなければならないけれど、かといって、それにもたれかかってしまったらたいへん、結局は、こわいものでございます。

人気

その人気ということで、最近たいそう感心したお話がありますので、それを書かせていただきます。

昨年、明治座の新国劇へ参加させていただいたとき、花登筺《はなとこばこ》さんの「花外楼物語」という出し物がありました。

その中へ出てくる、ちょっとした役ですが、板前をやっている若い俳優さんが、「七草なずな、唐土の鳥が、日本の土地へ渡らぬさきに、七草なずな」と調子よく七草をきざんでいるのが、見ていますと、実になんとも言えない味があって、新国劇の若いかたの中にも、類型を打破した新鮮な演技を持ったかたが、現われていることを知り、さすがはしにせの劇団と感心いたしました。

私もその場へ出ているものですから、その若いかたの毎日の演技を、たのしみにして見ていますと、たくまずして現われるそのユーモラスな表情といい、適度のアドリブといい、なかなか、あなどりがたい、すでにして大物の片りんさえうかがえるのです。はみ出さずに、うまく伸びていったら、りっぱに、新国劇の三代目が継げる人だと思いました。楽屋内の物腰も、たいへん謙虚で、前途洋々たる新人とはまさにこの若者のことだ、と思ったくらいです。

さて、時経て、NHKの「太閤記」に、私も秀吉の母の役をいただき、その最初の顔つなぎに出席いたしますと、「よろしく」と、私の前へ飛んできて深々と頭をたれたのが、太閤記の主人公サルに起用された、新国劇のあのときの若い人、緒形拳《おがたけん》さんでした。これは文句なしの適役で、血の通った、人間味豊かな歴史上の人物が、緒形拳さんによってみごとに再現されていることは、皆様御存知のとおりです。

ところで私が大感心するのは、これからあとのことですが、この緒形さんの個性的なマスクと、人気上昇中のタイミングの良いところをねらって、ある映画会社が、スカウトに出かけたそうです。いろいろ、好餌《こうじ》を並べて、おそらくは、君を将来の大スターに仕立ててみせるくらいのことは当然申したと思います。

すると緒形さんは、ていねいに、礼をつくして、

「僕は新国劇が大好きではいったのですし、まだまだ勉強中です。あれも、これも手を出して、結局、なんにも得られなくなったらたいへんですから、目下のところ浮気心は大の禁物、せっかくの御好意ですが、それに第一、新国劇を離れる気は全然ありません、御期待に添えないで、残念です」

おおかた、右のように答えて、き然たる態度を示したものとみえます。これは、内部事情に明かるい消息通の人から、直接聞いた話ですが、全く、近ごろ珍しい、それこそ、砂の中から宝石をつまみ出したように、驚くべき話であります。しかし、緒形拳さんを知る者には、緒形拳さんだからこそ、当然のことと思われましょう。緒形さんの師、辰巳《たつみ》柳太郎《りゅうたろう》さんがおっしゃっていいます。

マスコミは持ち上げるのも早いけれど、足を引っぱるのも早いからね。幸い、緒形は、若いけれどその点しっかりしていて、人気のもろさ淡さをちゃんと知っているから、絶対慢心しないだろう。

たとえ、劇の中でも、私は彼の母親、私は、ほんとうに、日本一のいいせがれを持ったと、緒形拳さんを、自慢せずにはいられません。

芸

テレビの現代劇(時代劇となると、衣裳の種類や、かつらの種類によって、動きなどが一種の制約を受けますから、いきなりズブのしろうとを使うということはなさそうです)のスタジオで、若い人の演技を見ていると、メダカがすいすい泳ぐように、まことに屈託なく自由奔放に、そして楽に、やっておられるように思います。

それはそれでいいとして、まるでこわがらない、実に堂々としていて大胆にやってのけている、ということになると、私なんか、三十年の余、ああでもない、こうでもない、と悩んだり苦しんだりしてきた「芸」というものは、どうなるのでありましょう。

私は、いついかなるときでも、人より一足先に化粧室へはいって、早い目にふん装をしてしまって、少し落ちついていないと、役の中にはいれないのです。そして、なるべくなら、出てしまうまでは、役以外のことは考えたくありません。

ところが、時間すれすれに「お早うございまーす」と威勢よく飛び込んできた若い人は、チューインガムをかみかみ、今まで見てきたロードショウ映画の、いい悪いを論じながら化粧をなさっていられます。かと思うと、そこを終えて、次の局の本読みにはいる、つまり今から始まるドラマには全く関係のないよその脚本を拾い読みしながら、髪を直してもらっている人もあります。

これはいったいどういうことなのでしょうか。また聞きですが、私の尊敬する東山千栄子さんが、リハーサルなさっているのを、さっきからじっと見ていた、昨今売り出しの若い人が、隣の人にいわく、

「あのおばさん、わりかしやるじゃないの、ギャラ、わたしより高いのかしら」

あきれるとか、驚いたとかいう前に、日本のテレビ局の、芸術院会員も、モデル上がりのタレントも、芸道何十年のベテランも、駆け出しも、歌手上がりも、剣劇の人も、軽演劇の人も、一堂に寄せ集めるだけで、集めた人を別に紹介するわけでもなく、席の順序はお早い

者勝ちで、いきなり読み合わせにはいってしまうというような現状に、問題があるのだと思います。

新劇のおけいこ場とか、バレエや日本舞踊の筋の通ったおけいこ場を拝見しますと、これだ！　と思い、身の引きしまる思いがいたしますが、ただいまのテレビのけいこ場が、物を生み出すきびしいアトリエの空気を取りもどしますのは、いったいいつでしょうか。いや、失ったのではありませんから、取りもどすのではなく、作り出すのはいつのことでしょうか。チャンネルと番組の名は申しませんが、まるで、悪ふざけをしているような、出演者が盛んに吹く（笑うこと）番組があります。夜おそくのもので、そのくせ続いているのですから、いいといって支持しているかたもいらっしゃるのでしょう。

どういう心構えなのでしょう。いったい全国視聴者の目を、こういう人たちは考えたことがあるのでしょうか。アメリカあたりなら一ぺんでお払い箱、日本は、お酒飲みばかりの天国でなく、若いテレビタレントさんたちの天国でもあるようです。

私は、劇中で吹いたりするいいかげんな人と、同席するのも潔《いさぎよ》しとはできません。なくなられた花柳章太郎先生は、観客席でちょっとでも子供の泣き声が上がると、ピタッと芝居を中止されてしまいました。御いっしょに出ていて、泣きやむか、場外へ連れ出されるかしないと、芝居をおつづけにならぬのにはびっくりいたしました。少し、これも極端だとは思いますが、自分の芸をたいせつになさる、一分一厘もゆるがせになさらない芸への潔癖がうかがわれて、その純粋なしかたに敬意を表したことでございました。

私など、そこまではいたせもしませんが、まず私たち芸能人にいちばんたいせつなのは「自分は、なんのお陰で飯が食えているのか」という自覚がなければいけないと思うのです。吹いたり、ふざけたり、片手間におもしろ半分、遊び半分にやっておられるのなら、まじめに勉強しているあとの人に、どんどん席を譲ってあげてほしいものと存じます。

芸というものは、練習量の積み重ねのようなもので、ニチボー貝塚のバレーや、大鵬《たいほう》の十七回優勝のように練習量がものを言う、ということではありますまいか。年限の積み重ねの上に、日々の練習による新しい発見が加わってゆく、それが芸というものではありますまいか。

ある日、あるとき

×月×日

「太閤記」の録画を終えて家へ帰る。春さきの夜の嵐山はことのほか寒い。毎年のことだが、ことしは、ひとしお、寒さがきびしいようである。

弁天様を拝んでいると、岩田山のおさるが、寒くて泣いているのか、それとも、おなかをすかして泣いているのか、いつまでも鳴きやまないで、その声が、かすかな瀬音にまじって、なんとも悲しく聞こえてくる。

これが気になって、せっかくの、たのしい夜食もおいしくいただけなかった。

ふと、夕刊を見ると、飼育係のおじさんの手に抱かれた、赤ちゃんざるの写真が出ていて、岩田山の赤毛ざるが双生児を生んだ、赤毛猿には珍しいことだが、母乳が足りないので、一匹捨て子をした。飼育係のおじさんが気がついて方々捜しに行くと、奥のはざ間のところに捨てられた赤ちゃんざるが虫の息で、動くこともできなくなっている。さっそく抱いて帰って、スポイドで牛乳を飲ませるやら、ストーブでからだをあたためるやらして、どうやら生気づいた。捨てられた子だから「すて子」と命名されて、近ごろは元気になって、早くあたたかい日のくるのを待っている、という記事がのっている。

さっきから、物悲しい鳴き声を上げているのは、いったん捨てたわが子の身を思って母ざるが泣いているのに違いない。さるの世界も人間の世界と、そっくりである。

やがて、来信などに目をとおして、寝についたが、その事が気になって、いつまでも眠れない。外は、いつの間にか雨になった様子である。

×月×日

毎年、四月八日のお釈迦様《しやかさま》の日、必ずといっていいほど、その日からかじかが鳴く。ことしはあいにく、その少し前ごろから松竹大船の仕事で、家をあけている。かじかが鳴いたかどうか、電話をかけて聞くのも、さも暇人らしいし、といって知らしてくれる者もいない。

その日の撮影を終わって、旅館へ帰っても、なんとなく落ちつかない。たかがかじかの鳴き声、普通の人には、私の心境は理解できないだろう。

×月×日

目に青葉、山ほととぎす、初がつおとは、全くそのとおり。乗り物の混雑する仕事場から開放されて、嵐山へ帰ってきて、このしたたるばかりの緑を見ると、心から、改めて、生きていることの喜びをひしひしと感じる。

家へはいるやいなや「かじか、どうやった、鳴いたか」と聞くと、家の者一同、キョトンとした顔つきで「さあ、ほととぎすなら、よう鳴いていますけど」という返事。返事にならない返事だけれど、なかなか季節感のある、おつな返事である。

あたり一面、すっぽり緑に包まれている久しぶりのわが家の畳の上へ、のうのうと足を投げ出した。仕事があればこそ、この休息もあるのだ。

夕食には、お千代さん心づくしの、かつおのたたきがおぜんにのぼる。まちがいなく、俳句どおりである。

×月×日

きょうは何十日ぶりで、仕事も、約束もなんにもない日、さっそくワンピースの軽装に、むぎわら帽というういでたちになって、バラの木に卵を産みつけにくる、はちの群を追ってやろうと思い立つ。

大車輪、大熱演で大きなうちわをパタパタやりながら、一匹のはちを追い歩いている自分の姿、ふと、おかしさがこみあげてくる。知らない人が見たら、おや、浪花千栄子、気が狂ったんじゃないか、と思うか、まあお早々と、盆おどりのおけいこどすか、とたずねられるか、どっちかであろう。

一匹のはちを殺せば、約二十本のバラが助かるが、はちを殺すことは、私にはできない。

夕方、はしわたしをした結婚が、なこうど口でもめているのを、なんとか取りなしてくれ、と言われていたことを思い出し、出かけて話をつけて帰ってきたら、クラクラと、めまいがする。

「はち追いのばちどすえ、早う、やすみはらんとあきまへんえ」と、輝美に、むりやり寝かされてしまう。めまいは、軽くてすぐ回復したが、横になると、きょう半日の重労働がこたえて、肩やら、腰やら、手首やらが、思いだしたようにあっちこっちズキズキしだす。動くことは、からだの運動と心得て苦にならないが、過ぎたるは、なんとやら、輝美の言うとおり、ばちが当たったらしい。

×月×日

昭和三十六年から、毎年一本ずつのお約束で始まった東映の吉川英治《よしかわえいじ》先生原作の「宮本《みやもと》武蔵《むさし》」が、きょうクランク・アップ。これで、全編の終わりというわけである。

五年前第一編の読み合わせではじめて、一同が東映の撮影所へ集まったとき、演出の内田《うちだ》吐夢《とむ》先生が「きょうから五年間、ひとりも病気をせぬように、元気でやりぬきたいと思います。くれぐれも、健康に留意してください」とおっしゃったことを昨日の事のように思いだす。

過ぎ去ってみると、いまさらのように、月日のたつのが早いことに驚いてしまう。その間に、主役、中村錦之助《なかむらきんのすけ》さんの結婚をはじめ、大小さまざまのでき事はあったが、一同先生がいちばん気にしておられた健康保持もまずまず、というところで最後の第五編の撮影が開始された。

ところが、撮影にはいると、本位田《ほんいでん》又八《またはち》役の木村功《きむらいさお》さんが肺炎で入院されるやら、内田先生の心臓疾患が軽視できない状態で、これも入院されるやら、ゴタゴタが絶えず起こって、撮影も、今までになく、延びに延びてしまった。

これ以上は延ばすわけにはいかぬ、というわけで、内田先生の病気もようやく小康状態になったところからお医者様の許可も出て、看護婦つきで巌流島《がんりゅうじま》の場面の、夜間ロケーションがはじまった。

巌流島は、宮本武蔵では眼目の山場で、いちばんたいへんな場面なので、スタッフ一同、先生のからだを心配することひととおりではない。酸素吸入を施しながら、演出の指揮を取っておられる姿を見ると、胸がふさがれる思いがする。

先生の病気は、心臓がトッ、トッ、トッ、トッ、トッと早く打って、急にとまり、また早くなるという、たいそうむずかしい病気だそうで、私が、新派の花柳先生の病気の話をして、なんでも心不全とかいう病名だったというと、内田先生は、僕のもそれなんだよとおっしゃる。

撮影が進んでいるとみえて、私たち出番待ちの者が休憩している現場と少し離れている毘《び》沙門様《しゃもんさま》へは、物音一つ聞こえてこない。そのうち、何か、ざわざわしたと思ったら、助監督さんが二、三人顔色かえて走り込んできて、あわただしく酸素ボンベを持って走り去り、ちょっとおくれて走り込んできた看護婦さんが、薬箱と、消毒器にはいった注射器を取りにきて、物も言わずに走り去った。

私は、それを見ると動悸《どうき》がいき苦しく打ち出し、両耳の奥がジーンと鳴り出した。そして突然、目の前が真っ暗になり、いっさいの物音が聞こえなくなったと思うと、からだが、スーッと谷底へ沈んでゆくような感じがした。

かたわらで、又八の子供になる赤ちゃんが寝かせてあったのだが、その子が火のつくように泣き出して、私は、我に返った。

これは、ほんの一瞬のことであっただろう。はじめ、私の向かいの席で丘さとみさんが夏みかんの皮をむいていたのが、まだむき終わっていないくらいだった。私は、からだじゅうビッショリひや汗を流していた。思い出すと、前にも一度、こんなことがあった。

高田浩吉さんが、立ち回りで足を骨折し、撮影なかばで入院されたことがある。そのお見舞いに出かけて、負傷の足が、胴体より太いと感じられるほどホウタイで巻かれ、それがベッドに投げ出されているのを見たとたん、私の全身から力が抜けてふにゃふにゃとなってその場へくずれてしまい、お見舞いがかえって高田さんに気をつかわす仕儀と相成った。

おまけに、帰りには、右足の力が抜けてどうにも歩けない。しかたなく、食事を運ぶ手押し車の御やっかいになって入り口の自動車まで運んでもらった。看護婦さんや、医局の人が、私だとわかると、キャッキャッと笑って見送っていた。これは、まさにコメディーの一場面とでも見えたのであろう。

後日、アフレコで、内田先生にお目にかかり、御病気のお見舞いを申し上げ、長い間の御指導を感謝するお礼を申し述べる。

内田先生は、先日とは打って変わって元気で、僕はあと三年で、監督をはじめてからちょうど五十年になる。これは、記録になる。五十年をつとめたら、あとは、なんにもせずに、このからだを十分休ませてやる。それまでは、どんな病気にも負けないし、第一寄せつけないつもりだ、と言われた。

どうか、いつまでもお元気で、いいお仕事を今後もなさって行ってくださるよう、心からお祈りして、撮影所の門を出た。

一年一作、五年連続の「宮本武蔵」も、日本では、はじめての長編映画で、内田吐夢先生だからできた仕事であると、敬意を表する気持ちがいっぱいである。

×月×日

きょうは、中共から杉村春子《すぎむらはるこ》さんが帰国される日である。あいにく京都にいるので、第一協団へ電話をして、電報を打ってもらうことにする。

電文は、と聞かれるので、とっさに「オカエリヤス、オメデトウサン、ナニワチエコ」と答える。

私などと違って、杉村さんの、たくましいエネルギッシュな国際的な行動は、見ていて気持ちがいいくらいスケールが大きい。思えば十三年前、関西の毎日放送で、私が姉、杉村さんが小さいとき別れた外地から引き揚げてきた妹という役で連続ラジオドラマに出たのが、御縁のはじまりで、ずっとお慕いし、尊敬しているのである。

先年、東映の「草の実」という映画のロケーションで、久しぶりに四、五日、ゆっくりお話しする機会が与えられたが、いつも向こうもお忙しい、こちらもバタバタしていて、お目にかかることもないのが、あのときは、場所も都に遠い小豆島《しょうどしま》で、まことに楽しい思い出として忘れられない。

そのロケーションから帰ってほとんど間もなく、あの文学座の脱退さわぎやら分裂さわぎやら、私ごときには、全然事情はわからないが、杉村さんがお気の毒やらかわいそうやら、慰めることばもなく、ひとり胸を痛める。

杉村さんと私の御縁は、初対面の御あいさつから、そのドラマを書いておられるのが共通のお知り合いである、京都の野《の》淵《ぶち》昶《あきら》先生であった関係上、お互いにきゅうくつな感じなしで、すぐ打ちとけるようになった。

ところが、いよいよ読み合わせがはじまると、ここに一つの問題が横たわっていた。

なんといっても姉と妹の役だから、ふたりの対話が劇の進行上、重要な部分を占めている。

私の姉は、南地で手広く料亭を営んでいるおかみで、大阪弁、妹の杉村さんは、子供のころ、子のないおばさんの所へもらわれていって、ずっと満州で育ったのが今度の引き揚げで帰ってきた課長クラス（夫は中村伸郎さん）の主人と、ふたりの子を持つ家庭婦人、という設定で、お正月一、二日を都合して、私が東京の妹の家をたずねるというのが劇の発端になっているのである。

杉村さんのセリフを受けて、私がしゃべる、私のセリフを受けて、杉村さんがしゃべる、七、八頁、そんなやりとりがつづくところで、杉村さんの顔に、アリアリと迷惑そうな表情が浮かんだのを、私は見のがさなかった。

休憩になると、私はすぐ、そのドラマを企画し、ふたりの顔合わせを推進したSさんを物陰へ呼んで、

「あなたも御存知のとおり、私は、小学校へもロクロク行っていない無学文盲です。その上、基礎勉強も不足しているし、ただ器用とか、カンだけでやってきた役者です。きっかけのセリフじりのテニヲハが、その都度々々まちがうようなこともあって、相手にたいへん御迷惑をかけると思いますから、この点を、初めての杉村さんに、あらかじめよくおわびしておいてください」

と申し入れた。

すると、Sさんのほうへ、すでに杉村さんから苦情が出ていたことがわかった。「相手のきっかけが、毎回まちがうということは、聞いている人には、まるでこちらがトチったようでたいへん恥ずかしいことです。きっかけだけは、チャンとくれるように言ってほしい」という、もっとも至極の抗議である。

Sさんは、私に気がねして、それを言い出ししぶっていたのだが、私のことばで安心して、さっそく、私の恐縮していることを杉村さんに伝えたらしい。

録音が終わって、私を送って出たSさんは、感激した口調で、

「杉村春子っていう人は偉いなあ、浪花さん、あなたも卒直なさっきのことばでつくづく偉いと思ったが、杉村さんは、あなたのことばを伝えると、まあ、そんなわけでしたの、私としたことが、とんでもない失礼なことを言ってしまって、あなたからくれぐれもよろしく浪花さんによけいな心配なさらないようにおっしゃってくださいね、と言って、かえってあなたにおわびしてくれって、たいへん恐縮されていましたよ」

と、おっしゃった。

このドラマは、半年（二クール）続いた。その間に、杉村さんによって、私は、いろいろと、無言のうちに教えられることが多かった。

お目にかからぬさきから、想像はしていたが、お親しくなるにしたがって、そして、はじめにそういうことがあったのがむしろ幸いして、おなかを打ち割ってお話のできる唯一のかたとして、ますます尊敬の念をたかめた。

今度の中共でもたいへん収穫があったように聞き及ぶが、今後の御活躍が大いに期待される。

私に、いつからともなく、一つの願いが、心の中に芽ばえているのだが、それは、死ぬま

でに、杉村春子さんと、御いっしょの舞台で、力いっぱいのお芝居がしたいという、しんけんな、いちずなものである。

だれか、これをやってくれる、プロデューサーはいないものか、と夢を見ている。

×月×日

名簿をちゃんとしておかねばならぬと思い立って、ここ一、二年にいただいたおたよりのうち、たいせつなものだけ別にしておいた整理箱を引っ張り出した。

すると、家宝とまで思っていた、花柳章太郎先生の「写真手紙」が、先日来どこへしまい忘れたのかと、家さがしまでしてわからなかったのが、たとうに包んで、この中から出てきた。

写真手紙というのは、先生独得のもので、毎月のふん装写真の裏に、そのときどきのおたよりが書いてあって、これが、数枚に及ぶから、そのおたよりで、その月のお芝居の先生の役が全部わかるのである。まことに、先生らしい、たのしい、そして心のこもったおたよりで、写真だけなら額にも入れて飾れるが、裏の手紙が色紙に書かれた歌のように、文字の配列、文字の形、これまた表装したいくらいのもので、実は、どうして保存しようかと、いい知恵も浮かばないまま、こんなところへしまい忘れていたものと見える。

このお正月の思いがけない突然の悲報で、師とも親ともお慕いしていただけに、当分、仕事も手につかなかったが、そうなってみると、このおたよりは、貴重な先生の形見となってしまった。

さしつかえのないものを、ここに記して、永久にとどめておこう。

その後スッカリ御無沙汰　フランスの話をして上げようと　京都へ一寸　先日行きましたが……おルスで残念でした
「彼岸花」芝居は河合が中心で
ナカナカ京言葉が又、「太夫さん」とちがってムズカシク困ります
アナタが良かったので、これは先代に敬意を表します
コレハ又大阪でも出したいと思っております
四月の末一晩泊りでも行きたく　その折お目にかかれたら……会って下さいアッチの話をしませう

元気でネ……花　おちゑさま

（二枚分省略）

二月は休み　三月は松影屋しづくと言ふ人情噺をやり割合コクのある芝居になりました
いろいろ御心配物ありがたく御礼　それより放送文化賞はおめでたいことで祝賀にたへません　又次の機会に共演をしませうね　四月三日夜　章生　浪花さま

此の間中はいろいろと御配慮かたじけなう存じマス「夜の蝶」はシバ井としても成功しました　見てほしいです　此の間のキモノ、後藤さんに　よくたのみました故よろしくサイソクなさいね……コレモあの人の作です良いでせう……此の間の朝食たのしかったこんど　天龍寺のあの寺へゆきませう　花　千栄さま

秋深まりゆきます
元気ですか……夏の神戸のたのしさが忘れられません
さてあの時居た芝原と云ふ茶屋のおかみさんの娘が宝塚で　花くに子と云ふ名でおり二十四日から貴女とＮＨＫのテレビに出ます由わざわざ今夜電話をして来ました何分にも

年少ものよく教えてやって下さいたのみます
十二月行きます　ゆっくり御飯をたべたいですね……ではお願ひします　章太郎　浪花様

浪花千栄子様
だんだんと押迫りました　いよいよ　御多忙と存じます
「佃の渡し」此の師走にやりましたいささか会心の出来「太夫さん」に次ぐものと存じます
いづれ見ていただけると存じます　三十日そちらへ参ります三十一日の朝飯をともに致したく存じます二時間程おヒマあらば……十二月二十一日　章太郎　お千栄さま
クコ度々ありがたう存じます
今年も評判よくて結構ですね……コレは丁山です、この次は又　私と一しょに芝居やりませうネ……
おみやげ荷になります故　さきに京都の方へ送っておきました　私も気をつけて二月も出ます　アナタも躰大切に……

一月二十日　章太郎　千栄子様

再度　お花を心にかけてありがたく存じます　たうたう祇王寺の尼さんの芝居やりました　北条秀司さん次回は「やとなさん」を書くそうで　その時はぜひ又出て下さいネ……

四月六日に私の知人十五人程　お宅へ泊りたき由　何分よろしくお願いいたします　花

別に注釈を要する内容でもないが、これを読み返していると、先生の温顔、そして円満な明かるいお人柄がしのばれて、涙はまた新しい。

ことしは先生の新盆《にいぼん》、名優の霊よ、安かれと、心からお祈り申しあげる。

×月×日

梅の宮ロケーション

現場へ着いて、私の出番まで、少々暇があるので、お天気もよし、少しそこらを歩いてみる。さっきから、かぼそい声で、子ねこの泣く声が聞こえていたようだが、あんのじょう大きなさくらの木の根かたの草むらに、産まれてほんの一週間くらいの、くろねこが捨てられていた。

抱き上げると、片方の手のひらに、こっぽりはいってしまう小ささで、目もまだよく見えないようである。そして、手の中で、さかんに親の乳をさぐるように、鼻先をひくひくさせながら哀れな声で泣いている。

優子ちゃんに、お弁当を持ってよこさせ、その中のおさかなを、小さくほぐしてやってみたが、まだ食べることもおぼつかない。食べたいのだが、食べられないというもどかしさか、一しきり、はげしく泣く。私が、口の中でよくかんで、そして、食べさせてみたら、こんどはノドを鳴らして食べ出した。

私の出番が来たことを、助監督さんが知らせに来たので、そっと下へおろしたら、いっしょうけんめいの声で泣き出す、後ろ髪ひかれる思いで、撮影の現場へ急ぐ。

この小さな生きものが、身の危険を感じているのであろう。小さなまっかな口をあけて、露の玉のような目を見開いて、助けを求めるように泣いているのである。

よく、こんなものを、捨てる気になれるものである。

仕事にはいったら、いつの間にか忘れてしまっていたが、帰りの自動車に乗るときには、泣き声はしなかった。奇特な人に拾われたか、それとも、よちよち、どこかへ迷って行ったか。姿が見えず、泣き声も聞こえなかったことで、私は、救われた。

夜、第一協団代表、越後さんより、税金のことについて、いろいろ、詳細にわたっての報告電話あり。この税金というもの、まことにややこしいもので、私など真っ正直でガラス箱入りもいいところなのだから、うるさいのはまっぴらである。

それにしても、越後さんはよくやってくれる。この間も、東京から来られたOさん「東京の、マネージャーの事務所、みなさん、ひとり残らずあんまりマナーがいいので、こちらが恐縮してしまいましたよ。もちろん、大物ばかり扱ってるんだから、それがあたりまえでしょうが、なかなかああはいかんもんですよ。いや、全く感心しました」と、手放しでほめてくださる。口のうるさいOさんに、こうほめられると、少々てれくさいが、人事でなくうれしいことだと思い、感謝の念を新しくする。

×月×日

竹の子が、すの子の下で、ぐるぐる渦巻きのようになって縁のすき間に顔をのぞかせてきた。その葉っぱの先端は、露をふくんで、びっしょりぬれている。雨にも打たれず、水にも恵まれぬのに、床の下から、天へ向かって、生命を伸ばそうとしているのである。

なんとかして、生かしてやる工夫はないかと思っているうちに、優子ちゃんにスッパリ、切られてしまった。

昔、なんとかいう風流人が、住居の床下から竹の子が伸びてきたので、ネダと畳に穴を切って伸ばしてやった。そのうち、どんどん伸びていった若竹は天井へとどいた。今度は天井を切って、竹の頭を外へ出してやった。という話があるが、こんな、のどかな暮らしのできる人は、なんというしあわせな人であろう。

新鮮なきゅうりだのなすだの、ピーマンだのトマトだの、美しい色の野菜が、日ごとの食ぜんにのぼって、生きていることの幸福をしみじみ感じる季節である。

私の朝食は、まず中くらいのにんじん三分の一とリンゴ半分をおろしたものを（これは金属のものは使用せず、瀬戸ものでできているおろし器にかぎる）食べる。これは、水分だけをしぼって取ってカスを捨てる人があるが、私は、そのまま、だいこんおろしのように食べるのである。

それから、季節の野菜二種類くらいをミジンにきざんで（この中へ、必ずにんじんを入れる）それを、浅草のりにのせ、中心にチーズを置いて、鉄火巻きのように巻いたもの。ただ、それだけだが、なかなかおいしいので、皆、よろこんで食べる。もっぱら、私は巻き役に回ることもある。

それに、ちりめんじゃこ（しらす）、塩こんぶ、おつけ物があれば、それでたいへん満足である。ただ、このおつけ物は、幾種類もの物がバラエティーに富んで盛り込まれていないとさびしいので、台所をあずかるお千代さんは苦心する。

職業柄、食事は変則になりがちだが、なるべく、家の人たちに合わせるようにする。夕食のときなぞ、みんなが食卓を囲んで（ねこもメンバーにはいる）、いろんなことを語り合いながら食べることが精神衛生上も、大いに必要だと思うので、できるだけそうしたいと思っている。

輝美が、私の健康を気づかって野菜々々というので、夜は、組み合わせによってできるだけ生野菜をいただく。色彩といい、歯当たりといい、味といい、ビタミン群といい、私も、生野菜のような役者になりたいものだ、とふと思いながら、レタスをさきさきとかむ。セロリーをボリボリかじる。トマトをパックリとほおばる。

×月×日

「太閤記」が、はじまってから、一しきりお手紙の数がふえた。一々、御返事は失礼させてもらっているが、こくめいに読ませていただき、演技の反省や参考にさせていただいている。表現のしかたはおのおの異なるが、言わんとされている内容の意味は、だいたい同じものが、それこれ日本中から三十七通ほど来たのが、近ごろ珍しいことである。

日吉丸から藤吉郎になって、サルサルと呼ばれながら出世してきた秀吉が、洲の股の城へ母を迎えるところを見て、小学校五、六年生くらいから中学生のかたがたが「僕も親孝行したくなった」というようになったり、「わたしも、ねねのような奥さんになりたい」というようになったというのである。

親孝行というものが、押しつけがましくなく、ほのぼのとしたいい感じで演出されていたので、子供さんたちの胸にも、何か落ちるものがあったのであろう。

それに引きかえ、鳥居《とりい》強右衛門《すねえもん》の件では、君に忠義をつくす、ということが、どう説明しても、現代っ子にはわからないそうである。武田がたに捕えられて十字架にかかり、味方に向かって武田がたが命じたとおりの事を言えば、命は助かるのに、いざという段になって、武田がたの不利になることを大音声で叫び、そのために、刺される。これを、はなはだしいのは「あの強右衛門という武士は、少しばかだね」と批判する子もいるくらい、十人が十人全然、理解できないらしい。

みすみす殺される、とハッキリわかっているのに、どうしてあんなばかなことを言うのだろう。まことにりっぱな論理で、第一健康的ではある、が、しかし、はたして、それでいいのであろうか、というところが、お手紙のおとうさんや、おかあさんの、ひっかかるところらしい。

これは、それでいいのか、いけないのか私にもわからない。

ただある撮影所で、ある場面のリハーサルが最高潮に達し、さて、いよいよつづけて本番というときに、全部の照明が一せいに消えて「昼食」ということになった。これは労働基準法とか何法とかによって守られている、組合員の当然の権利なのだそうだが、せっかく演技が熱を帯びて、油が乗ってきたところ「昼食」と宣言されて、さっと現場から去ってゆく人々を見て、そこにいる役者はみな、大憤慨をした経験がある。

これも正しいこと、健康であること、子供さんと同じだが、はたしてそれでいいのであろうか、と私たち並いる役者は（もちろん組合員でない、契約者だけのことであるが）おとうさんやおかあさんと同じ疑問を持ったことを思い出す。

何かというと、封建的だとか時代がちがうとか言われるので、私たちはなるべく黙っていたいが、自分の義務と権利が同じ重さになっているか、いっぽうが軽ければ、他のいっぽうも軽くするか、いっぽうが重ければ、他のいっぽうも重くするか、絶対に同じでなければならぬという鉄則を知ってもらいたい。

「太閤記」への、ファンからの手紙が、とんだところへ脱線した。

今夜は、これから新幹線である。少し、雨が強いようだが、いささか心配である。事故が心配というのではない。今夜のうちに、定時に、東京へ着けるかどうか、それが心配である。

×月×日

東京千栄子会の近藤夫人、銀座歯科の田辺先生、そして私。山中湖の高野さんの別邸へお招きを受けているのが、私の仕事の上がり工合《ぐあい》で予定がつかなかった。ところが仕事がスムーズにいって一日よゆうができたので、子供のように大喜び、甲州街道《こうしゅうかいどう》を、一路山中湖へ。

昨日の東京のむし暑さに比べ、山中湖は寒いくらい。おかげで、たのしい休日となった。帰りは、深大寺《じんだいじ》へ回ってもらう。いろんな人からよく深大寺のおそばなどとうわさを聞いていたが、行くのははじめて。

京都の郊外とはガラリと趣の変わった、言われて見ると武蔵野《むさしの》の面影とやら、何やら、捨てがたい野趣を感じる。

「門前」と言う門前の茶店へ落ちついて、名物の山菜やべにますやおそばをいただく。ぜんまいの煮つけと野菜のてんぷらが、とてもおいしい。

おいしいといえば、今度の上京は、ある雑誌の依頼で、谷崎潤一郎《たにざきじゅんいちろう》先生御夫妻とお話をするのが第一の目的。しばらく御無さたしていた先生に、嵯峨の森嘉のおとうふを持参したところ、たいへん喜んでくださり、東京にゃあなんにもうまいものがない、とおっしゃっていらした。そうおっしゃりながら、そのとき出た、すずきのいきづくりはたいそうお気に召していたようである。

京都の下加茂《しもがも》にまだいらしたときから、お親しくしていただいているが、久しぶりで今度お目にかかって先生の至極お元気な御様子を拝見して、ほんとうにうれしい。そのときのテーマは、東京と上方《かみがた》のよさ、というようなものだったが、先生は、徹頭徹尾、東京をケナされるので、私が、東京をほめる側になってしまった。おりをみて湯河原の新しいお宅を、拝見させていただくことをお約束して、お別れしたが、いつまでも、お元気で、そして、ときどき、いいお話を聞かせていただきたいと思う。

谷崎先生と奥様にお目にかかったことといい、山中湖といい、深大寺といい、今度の東京は、今までにない、充実した、勉強になる視野の広い東京であった。

×月×日

嵐山へ帰る自動車が、堀川を過ぎてしばらくすると左手に、西京極《にしきょうごく》のナイターの灯が見えてきた。

ふと、西鉄の稲尾《いなお》（和久《かずひさ》）さんの事が思い出された。東宝、本多猪四郎《ほんだいしろう》監督で、「鉄腕投手・稲尾物語」という映画をとったことがあるが、そのとき私が稲尾さんのおかあさん役をやって以来のおつき合いで、ほんとうにむすこのように思って、お親しくしている。

昨年、ことしの不調は、たいへん心配である。私は、スポーツマンというのは、稲尾さんを知るまでは、通り一ぺんのおつき合い以外、あまりよく知らなかったが、稲尾さんを知って、がぜん好きになってしまった。

礼儀正しく、やさしく、そして人なつっこく、この人が、グラウンドで、あの超人的な活躍をする青年なのか、とびっくりするほどであった。

日がたつにつれ、若いのに、なかなか人間ができている、さすがに何百万人の中のひとりと言えると思い、ことごとに感心させられて、私のほうがいろいろ教えられることが多かったくらいである。

不調だからといって、いや、不調だからなおさら、この不世出の大選手を、はずかしめることなく、たいせつに扱ってほしいとせつに祈っている。

×月×日

二階のおそうじからおりてきた芳子ちゃんが「先生、ことしは、まだせみの声を聞きませんね。毎年、もう今ごろは、相当聞こえるんですけれど……」と、言う。

そう言われて気がつくと、なるほど、もう鳴いていなければならぬころである。忘れものを思い出したように、芳子ちゃんに手伝ってもらって、どうかせみに危害を加えないでください、という意味のことを書いた色紙を、例年のごとく、表のさくらの木に掛けてやる。

ことしは、ほんとに季候が不順で、つゆの雨が、まるでバケツか何かの水を、投げつけるような強さで降りつづいたから、出口をふさがれて、はい出せぬのかもしれない。

せみしぐれは、暑い夏がさらに暑く感じられる、と言う人があるが、せみがいないと、夏の季感はわかない。せみは、真夏の主役である。

×月×日

ある新聞から、若い夫と若い妻に与えることばというものをアンケートしてきた。

私は、結婚の敗北者だから、そんなお問い合わせに、答える資格はありませんからと、御辞退しようと思ったが、別にそれとこれとは、なんの関係もないことに気がつき、一言答えた。それをちょっと書きとめておく。

若い妻に――
愛のことばは、どんなに甘くささやき合われようとそれは御自由ですが、恋人が、または御主人が「信じてくれ」と言い出したら、信号は黄色になったものと思ってください。赤に変わるのは、わずかの時間の問題です。

私は、信じてくれと言うことばも、愛のささやきと錯覚して、夫を信じて、信じて、信じ抜いたために、破鏡の嘆に泣いた女です。

「信じてくれ」と言い出したら、そのときから、夫の身辺を厳重に用心し、警戒すること。水子（三つ子とあえて申しません水子《みずご》、つまり、オギャアと生まれる十か月以前から）の魂百まで、と私は古いことわざを訂正いたしますが、その人の性格は、その水子のときから、死ぬまで、途中で少しは変わることはあっても、だいたい同じだと思うのです。ですから、愛のささやきが始まったら、まず、まっさきにその人の性格を、くまなく知ること、「信じてくれ」などと、芝居のセリフのようなことばを使いそうな人か、絶対、使わぬ人か、そんなことが見抜けないようでは、私の二のまいを踏むこと必定。

夢々、お疑いなく。

若い夫に――

最近は、どっちかというと、女の人のほうに「信じてちょうだい」ということばを使う人が多くなったとか、前述のことを、こんどはあなたのほう、つまり男のかたのことと思って、よくお読みください。

そして、せいぜい御用心あそばすように。この間、若いあなたのような男性から「太閤記」のねねのようなのがワイフの理想像、あんなのを世話してもらえないか、というお手紙をいただいたが、それは無理。ねねの御主人が、わがせがれ藤吉郎だから、ねねもいい奥さんだが、あれがあなたのところへ嫁いだら、どうなることやら。つまり、妻は、夫しだいで、良妻にも悪妻にも、変化するものだ、ということをお忘れなく。

×月×日

雨あがりのせいか、空気がすきとおっているような美しい空である。

私が、弁天様の石段を、あがりかけると、私を追い抜くようにしてあとからきた自動車が停まり、中から私の名を呼びながらひとりの御婦人が現われた。

「浪花さん、かけちがってお目にもかかれず、その後は失礼していました」

と、なつかしそうに挨拶されるのだが、急にはちょっと思い出せない。

「あの時、あなたのおみちびきで、弁天様を御信仰するようになりましてから、おかげさまで、身も心も救われました。只今は、大変、しあわせな毎日を送らしていただいております」

あゝ、思い出した。それにしても、あの時のあのひとは、こんなにきれいな眼をした人だったかしらと思う。

それは、約一年近く前、私がNHKの仕事で、大阪行の阪急に乗っていて、偶然隣り合った御婦人で、そのときは、見るかげもなく焦悴《しょうすい》した感じのひとだった。話のきっかけは私が習慣としている電車が茨木《いばらき》を通過するとき、桔梗ケ丘の方角へ深く頭をたれて、手を合わせたことからはじまった。

御信仰をしていらっしゃるようにお見受けしますが、と、小さいきびしい声で先方から話しかけられたのが糸口で、聞けば御主人というのが、家にいるお手伝いの女性と関係を持ち、以来、家庭の秩序は乱れ放題、最近ではその女性がまるで主権をにぎって、自分をないがしろにするので、居たたまれぬ気持ちだが、御主人にいささかも反省の色なく、益々その女性を増長させる結果となっている、と涙ながらの身の上ばなし。悩み、苦しんでおられる様子は、その言葉のはしばしから、私の身に痛いほど察しられる。それで、もしや？　と私が切り込むようにたずねると、その婦人は、あたりはばからず泣き出してしまわれた。人前のことではあり私は、とにかくＪＯＢＫ（ＮＨＫ大阪放送局）まで、一緒の自動車にその婦人を乗せ、ゆっくり事情を聞き、力になれるものなら、なってあげようと思った。

私にも刃で、刺されるような覚えがある。

その婦人は、主人と相手の女を殺し、自分も死のうと決心しているのだ、と正直に告白された。

私は、ひとさまのことに口ばしを入れる程、立派な人間ではないが、それは、すべてをほろぼすこと、絶対いけませんと力説して、一直線に弁天宗へおみちびきしたのだった。

破滅の一歩手前で、この御婦人はみごとに救われたのだ。そのとき自動車から降りてきて丁寧に御挨拶された御主人のなんと晴々した表情だったことか、私は、幸福を、信仰によって、わが手に納めたこの御婦人と旦那様と並んで、御本堂へ進んだ。

真心を忘れてはいけない、慈悲の心を養え、善根を積め、不平不満をなくし、つねに感謝の心を捧げよ、と申されるのが、弁天宗の基本のおさとしである。このひとつひとつ、何んでもない、人間なら誰れでも行なえそうな簡単な事柄の意味は、追求すればする程大変深い。

私のように、まだまだ、円に遠い、角のたくさんある人間にとっては、この信仰から得た御恩は、一朝一夕のことではお返しできない。つくづく、有難いことに思う。

×月×日

双竹庵のつくばいで、おそうじのとき、こけにたっぷり水をかけてやった。つやつやとしたビロウドのような深い緑が、光るように生き生きとした。

人に、鼻をつままれるような悪臭を放ち、よごれ濁《にご》り、腐敗し、よどんで、自分の力では流れることもできなかった水が、他からの力で、流され、抵抗し、従い、あちらへ流れ、こちらへとどこおり、やがて、大こう水に巻き込まれて、ながい暗渠《あんきょ》を通り、出たところが、比較的、平和な河口にそそぐ枝川の一つの流れであった。

私という水は、ひそかに自分の歌を口ずさみ、身分不相応なことを願わず、なまけず、自分では大いに勤勉なつもりで、心たのしく流れている。雨も風もあるけれど、それは、昔に比べたら物の数でもない。

花や木を生きかえらせ、鳥獣の生活をうるおし、人のかわきをいやし、そしてかわいた地面へくまなくしみ通ってゆく、そんな役目の水になって、神仏から賜わった残生を、静かにして強く生きて行きたい。

水のように、というのが、私のここ一、二年前からたどりついた心境である。

あとがき

みなさまのなみなみならぬ御協力で、このようにりっぱな本ができ上がりました。まことに、ありがたいことでございます。

本を出すなど、とんでもないことと、はじめ御辞退申したのですが、御熱心なおすすめと、得がたき補佐役に恵まれましたので、意を決しました。

私のような女の生き方にも、何か御参考になることがあれば、たいへんうれしゅうございます。芸の道もまだまだ行きつくことのない道で、先は長うございますが、この本を、一つの道標として、今後もますます大いに勉強して行きたいと存じております。

なお、おこがましくも、装丁も、めくらへびで、自分の考えでやらせていただきました。千代紙を使いましたのは、みじめだった子供のころへのせめてもの贈り物、という意味からでございます。

昭和四十年　夏

洛西嵯峨、双竹庵にて

浪花　千栄子

合掌

解説

浪花千栄子の生きた時代

古川綾子

一九五〇年代から六〇年代の日本映画の第二次黄金期に、溝口健二、木下恵介、豊田四郎、小津安二郎ら巨匠たちの作品には欠かせぬ存在として、名脇役の名をほしいままにした浪花千栄子。主な作品に、『祇園囃子』『女の園』『夫婦善哉』『猫と庄造と二人のをんな』『蜘蛛巣城』『貸間あり』『悪名』『小早川家の秋』などがある。

長年在籍した松竹新喜劇を退団後、ラジオ全盛時代の人気コメディ『お父さんはお人好し』の母親役でスターとなり、一九七三年一二月に六六歳で急逝するまで、映画やドラマで活躍した。本名の南口キクノ（なんこう・効くの）にちなみ、広告に起用された「オロナイン軟膏」のホーロー看板や、やわらかい大阪弁を懐かしく覚えている人はいても、自伝を残したことを知る人や、まして読んだことのある人は限られているだろう。

一九六五年八月に六芸書房から出版された浪花千栄子の著書『水のように』は六章から成り、一章「私の生きてきた道―そして、私の生き方―」から三章「私の住居」までは自伝、四章「私をささえてくれた人々」から六章「ある日、あるとき」まではエッセイである。一〇年以上続いた『お父さんはお人好し』の放送終了から半年、大河ドラマ『太閤記』に緒形拳演じる豊臣秀吉の母・なか（のち大政所）役で出演中の浪花千栄子は、女優として充実の時期を迎えていた。

出版の翌々月にはドラマ化され、すぐに四刷まで増刷されるなど、人気のほどがうかがい知れるが、悲惨な幼少期や松竹新喜劇の座長・渋谷天外との離婚の苦しみを赤裸々に告白しており、しばらくは週刊誌のネタにもなっている。『水のように』出版の四年前、一九六一年五月三一日付「毎日新聞」に「離婚後一二年ぶりに握手」という見出しで、満面の笑顔で握手する写真とともに、二人の和解が記事になっている。この日、放送されたＮＨＫ大阪中央放送局のドラマ『あの頃』の宣伝を目的としており、同局が、天外には浪花のための脚本を依頼し、浪花には出演を交渉したところ、ついには役を書き足して、共演も実現させたとある。しかし、自伝ではこのことを「仕事上の和解」と書くにとどめ、わだかまりが解けていないことは、一読すれば明らかである。

一九〇七年一一月一九日、浪花千栄子は、現在の大阪府富田林《とんだばやし》市の金剛山の麓で生まれた。鶏の行商を生業とする家は貧しく、四歳（実年齢）で母親を亡くし、弟の面倒と家事、鶏の世話に追われ、小学校には二カ月しか通わせてもらえなかった。父親の再婚相手から疎んじられ、八歳で道頓堀の仕出し弁当屋へ奉公に出て、衣食住の面倒が給金代わりという最低条件で一六歳になるまで重労働に従事した。睡眠四時間という身体的苦痛に加えて、主人から盃洗《はいせん》にたまったゴミの中の飯粒を食べさせられるなど、精神的にも過酷な日々を送った。

感情を抑圧された生活の中、まばゆい輝きを放ち、少女を一瞬にして夢の世界に連れ出してくれたものが芝居だった。劇場へ弁当箱の回収に行くついでに、花道の揚げ幕や袖から舞台を覗き見た。歌舞伎から新派、新国劇まで、役者の演技に惹きつけられ、帰りが遅いと叱られても、セリフを覚えて、日ごとの演技や演出の違いに気づくほど、芝居に魅了された。

浪花千栄子が道頓堀で奉公していた一九一五年から一九二三年頃は、演劇史においても重要な時期である。東京の歌舞伎座が一九二一年一〇月に漏電から焼失し、再建に着工してほぼ完成していたところ、関東大震災によって再び灰燼《かいじん》に帰す。一九二五年正月にこけら落とし興行が行われるまで、東京の歌舞伎役者がしばしば来阪した。さらに初代中村鴈治郎を中心として、最晩年の二代目中村梅玉から、二代目実川延若《じつかわえんじやく》と高砂屋四代目中村福助や中村魁《かい》車《しゃ》らが活躍した、関西歌舞伎の最後の最盛期とも重なっており、道頓堀は東西名優の競演で活況を呈した。新派もまた、円熟期の喜多村緑郎を擁し、再び盛り上がりをみせ、瑞々しい美しさを誇る二〇代の花柳章太郎が一九二一年に新劇座を結成して、人気を二分していた。さらに一九一七年に旗揚げした新国劇は、関西を拠点に、『月形半平太』と『国定忠治』の新国劇を代表する演目で売り出し、『大菩薩峠』によって一大ブームを巻き起こしていた。

覗き観る芝居だけを心の支えに下女奉公を続けていると、八年前に別れたきりの父親が金の無心に現れて、吝嗇《りんしょく》な主人からわずかばかりの退職金をせしめると、地元の富田林へ連れ戻された。生家に立ち寄ることも許されず、次の奉公先へ向かうと、父親は前払いの給金を受け取り、さっさと消えてしまった。だが、思いやりのある新しい主人のもとで働くうちに、人間らしい心を取り戻すことができたという。一八歳になった時には、今度こそどこに売られるかわからないと覚悟を決めて、置手紙を残して奉公先を出奔し、やっと自分の意思で人生を歩きはじめる。

あてもなく京都へ向かい、口入れ屋（職業斡旋所）に紹介されたカフェーで女給として働いた。実年齢より老けてみえるほど、奉公の苦労は容貌に影をおとしていたが、若い娘らしい晴れ着に身を包み、薄化粧をほどこしてみれば、周囲よりも自分が驚くほどに、目元が涼しいモダンな顔立ちの美人が鏡の中にいた。迷うことなくすぐにカフェーを辞めて、芸能プロダクションの新人募集に応募すると、すんなり採用されて、別世界だった芸能界で生きていくことになった。

最初の芸名は三笠澄子という。デビューする前にプロダクションは潰れてしまうが、目をかけてくれていた監督の紹介で、芸術座出身の女優が率いる一座に加わり、京都の第二新京極の三友劇場にて初舞台を踏む。風邪をひいた人気女優の代演でチャンスをつかみ、一目置かれるが、一座は徐々に不入りをかこち、ついにはあてもなく地方巡業へ出ることになった。するとと劇場の支配人に一人だけ呼ばれて、難関といわれていた東亜キネマを紹介してもらえることになり、期待の新人として迎え入れられた。芸名は香住千栄子に変わり、スクリーンデビューも果たし、順調にいくかと思いきや、会社の不当な人員整理に強く反発して、自分の立場は保証されていたにもかかわらず、辞表を叩きつけて退社してしまう。行き詰まっても、その才能に気づき、手を差し伸べてくれる人に巡り合い、与えられた場所で必要とされながらも、体制的なものに対する反骨精神のために、いつまでも居場所を見つけられずにいた。抑圧された生活から解き放たれた反動だったのかもしれない。

その後、市川百々之助プロダクションに移籍した際、自分で考えて浪花千栄子に改名した。

さらに帝国キネマに所属してから、フリーで映画や舞台に出演するようになり数年経った頃、最大手のプロダクションである、松竹から声がかかった。一九三〇年八月、浪花座の「第一劇場」の公演に参加して以降は、松竹専属の女優として「新潮座」「成美団」など関西新派の舞台に立ち、翌年六月から、第二次松竹家庭劇に参加することになった。

松竹家庭劇に至る上方喜劇の流れを簡単に説明すると、一九〇四年二月に曽我廼家五郎十郎一座（曽我廼家兄弟劇）が浪花座で旗揚げしたことから全てが始まった。流行していた改良俄《にわか》（江戸時代から続く歌舞伎のパロディを主とする即興芝居「俄」の発展形として、明治二〇年代に流行した新風俗や時事ネタを演じる俄のこと、「新聞俄」とも呼ばれた）をより演劇的に進化させた曽我廼家の喜劇に、いち早く反応したのが、一八九五年に京都で創業したばかりの松竹合資会社（現・松竹株式会社）だった。浪花座での公演の翌月には、京都朝日座の初興行を曽我廼家一座に任せて、この年だけで六カ月も出演させている。歌舞伎より製作費が格段に安い、喜劇の興行価値に注目した松竹は、五郎の弟子・箱王と、改良俄の鶴家団十郎のもとにいた団治をそれぞれ、中島楽翁と渋谷天外と改名させて、一九〇八年九月に楽天会を結成した。その後、喜劇団も喜劇役者も増え続け、圧倒的な人気を誇った曽我廼家五郎を頂点として、演劇界に喜劇という新ジャンルが確立された。

初代天外が早世したこともあり、楽天会は一九二二年に解散するが、松竹は曽我廼家五郎に対抗するため、天外の遺児・一雄（のち二代目天外）と曽我廼家十吾を座長にして、一九二八年九月に松竹家庭劇を組織し、現代風俗を取り入れたホームドラマ的な新鮮さで売り出すが、昭和恐慌のあおりを受けて三年で解散してしまった。景気がやや回復し、再結成された第二次松竹家庭劇に新メンバーとして迎え入れられた中堅女優が二五歳の浪花千栄子だった。

入団後まもなく、渋谷天外と結婚した浪花千栄子は、座長の妻として「いっしょうけんめい、この二十年間、一座のために奔命」したと述懐している。かげひなたなく座員たちの面倒を見ながら、ほかの女優が嫌がる役を率先して引き受け、もう一人の座長である天性の喜劇人・曽我廼家十吾との緊張感に満ちた舞台から多くを学んだ。戦後、天外が周囲の反対を押し切り、松竹家庭劇を辞めて自分の劇団「すいと・ほーむ」を旗揚げした時も、だれよりも天外の才能を信じていた浪花は、迷うことなく行動を共にして、松竹から離れたことによる苦労を分かち合った。後年のことだが、天外もまた雑誌や新聞のインタビューに応えて、浪花には『お父さんはお人好し』の母親役のイメージがついてまわっているが、決してそれだけでない、世間が思っている以上にうまい役者だと、別れた妻の才能を高く評価していた。

一九四八年一一月に曽我廼家五郎が亡くなると、渋谷天外は松竹に呼び戻され、翌一二月には、戦前の松竹家庭劇に曽我廼家五郎劇が吸収されるかたちで、松竹新喜劇が結成された。晴れて上方喜劇を代表する劇団としてスタートを切った矢先、愛人との間に子どもができた天外から離婚話を突きつけられた。かわいがっていた劇団の若手女優が相手だったことにも深く傷ついたが、それでもまだ劇団を辞める気持ちにはなれず、芝居さえ続けられるのならと劇団に残ったが、別居生活が一年経過した頃、松竹新喜劇の見せ場ともいえる丁々発止のアドリブを天外が避けるようになったことから、退団を決意した。

結果として、松竹新喜劇を離れたことが女優・浪花千栄子の飛躍に繋がったことは間違いない。凜とした女主人からやくざの女親分や下品な老婆まで幅広い芸域を誇り、関西弁ではない役もこなしたが、関西を舞台にした映画やドラマに欠かすことのできない女優といわれた。豊富な舞台経験は、監督からの信頼も厚く、溝口健二監督の『近松物語』で主演をつとめた香川京子や、豊田四郎監督の『夫婦善哉』の主演女優・淡島千景などが、監督から依頼を受けた共演者の浪花から、方言指導だけでなく立ち居振る舞いなども、親切に教えてもらったと感謝とともに語っている。

テレビの台頭を直接的要因として、一九七〇年代以降、映画産業の斜陽化に拍車がかかり、浪花千栄子の活躍の場もテレビに移るが、関西地区で最高視聴率三八％を記録した人気ドラマ『細うで繁盛記』に主人公の祖母役で出演するなど、晩年まで仕事には恵まれた。亡くなる二日前の夕方、「しんどい」と言って横になり、京都嵐山の自宅で静かに息を引き取った。約一カ月前に放送された東芝日曜劇場『思い出草』での京都に住む尼僧役が最後の演技になった。浪花をよく知る人物として、渋谷天外は各紙の取材を受けており、朝日新聞の追悼記事には、「芸人が死ぬときは、いつもはかないものです。あの人は、自分の芸を大切にして人にあげようとしませんでしたが、とうとうその芸も過去の世界へ行ってしまった」とコメントを寄せ、余人をもって替えがたい演技を惜しみつつ、その人生を儚《はかな》んだ。

幼少期のつらい体験と、女優として歩きはじめた頃の平坦ではない道のり、二〇年の歳月とともにはぐくんだ家庭と劇団に追いやられた絶望の淵から、自分の力、女優としての「演技」だけで這い上がり、名助演女優と称賛された浪花千栄子。「芸」だけが彼女を裏切らず、だれも彼女から奪い去ることができないものだった。天外はその「芸」が肉体の死とともに「過去の世界へ行ってしまった」と審判を下しているが、果たしてそうだろうか。約半世紀を経てもなお、不朽の名作映画の中で唯一無二の存在感を放ち、忘れられない女優として生き続けている。そして、喜びよりも悲しみに翻弄されたその人生までもが、いまあらためて関心を集めていることには、天外はもとより浪花千栄子本人も驚いているのではなかろうか。

（ふるかわ・あやこ／上方芸能研究者）

本文中、当時の時代背景の中で使われている言葉のうち、今日の人権意識に照らして、不適切であり、侮蔑的、差別的とも感じられる表現があります。著者は故人であり、現在とは異なる当時の表現をめぐる状況について意識を持って読んでいただきたくお願い申し上げます。

（朝日新聞出版　書籍編集部）

浪花千栄子（なにわ　ちえこ）

一九〇七（明治四〇）年大阪府生まれ。本名・南口キクノ。四歳（満年齢）で母に死別、八歳で奉公に出される。一八歳で京都に出て女給となり、女優に誘われて村田栄子一座に入る。劇場主の推薦で香住千栄子の芸名で東亜キネマ等持院撮影所に入社、その後、一九二七年に浪花千栄子と改名し新潮座に参加、本格的に舞台を踏んだ。一九三〇年に渋谷天外と結婚、松竹家庭劇、戦後は松竹新喜劇で活躍するが、一九五〇年に渋谷と離婚、退団する。一九五二年、NHKラジオドラマ「アチャコ青春手帖」での花菱アチャコとの掛け合いが注目を集め、一九五四年からはじまった「お父さんはお人好し」で人気を不動のものにした。溝口健二監督の「祇園囃子」、黒澤明監督の「蜘蛛巣城」、小津安二郎監督の「彼岸花」「小早川家の秋」など日本映画の名作にも数多く出演、ブルーリボン助演女優賞、大阪府なにわ賞、NHK放送文化賞を受賞している。後半生は京都嵐山で料理旅館「竹生」を経営した。一九七三（昭和四十八）年、六十六歳で逝去。勲四等瑞宝章を追贈されている。

装幀　大岡喜直（next door design）
写真提供　東宝株式会社

水《みず》のように

二〇二〇年十一月三十日　第一刷発行
二〇二一年一月二十日　第二刷発行

著　者　浪花千栄子《なにわちえこ》

発行者　三宮博信
発行所　朝日新聞出版
〒一〇四-八〇一一　東京都中央区築地五-三-二
電話　〇三-五五四一-八八三二（編集）
〇三-五五四〇-七七九三（販売）

印刷製本　大日本印刷株式会社

Published in Japan by Asahi Shimbun Publications Inc.
ISBN978-4-02-251724-1
定価はカバーに表示してあります。

朝日新聞出版の本

久保 つぎこ

あの日のオルガン　疎開保育園物語

戸田恵梨香主演の映画「あの日のオルガン」の原作本。太平洋戦争末期、日に日に空襲が激しくなる東京。園児たちの命を守るために、保育士たちは自分たちで疎開保育園を作る決心をし、埼玉の無人寺に子どもたちを疎開させるが――。

四六判

五十嵐 佳子

金子《きんこ》と裕而《ゆうじ》　歌に生き　愛に生き

NHK連続テレビ小説「エール」のモデルとなった古関裕而・金子夫妻の物語。心優しい作曲家の夫・裕而と、裕而を支えオペラ歌手という夢もあきらめない前向きな妻・金子。激動の時代を生きた夫婦の愛の物語。

四六判

丸山 智

461個のおべんとう

同名映画の小説版。妻と別れ、シングルファーザーとなったミュージシャンの一樹。一浪の末高校生となった息子・虹樹と交わした約束は「三年間、毎日お弁当をつくること」。お弁当を介して交錯する父と息子の思いとは――。

文庫判